Frank Berzbach

Die Ästhetik des Alltags

Frank Berzbach

Die Ästhetik des Alltags

Betrachtungen zur Lebenskunst

1. Auflage 2018
ISBN 978-3-03876-128-0

Lektorat: Carsten Schmidt, Berlin
Satz & Gestaltung: Michael Wörgötter, München
Schrift: Fairfield LT
Cover: Huyen Truong, Hamburg
Druck & Bindung: Kösel, Altusried-Krugzell
Printed in Germany

Midas Verlag AG, Dunantstrasse 3, CH 8044 Zürich
kontakt@midas.ch, www.midas.ch,
socialmedia: follow »midasverlag«

Inhalt

Vorwort

Es war eine Mitarbeiterin der Redaktion, die mir die Einladung auf den Schreibtisch gelegt hatte. Das »Grafische Forum Zürich« lud an einem Abend unter der Woche in der Zürcher Altstadt zu Referat und Diskussion über Homeoffice ein. Den Referenten aus Deutschland kannte ich nicht und das »Grafische Forum Zürich« war mir wenig vertraut. Einige Tage später beschloss ich dennoch, mich zu diesem Anlass anzumelden. Zu jener Zeit war ich als Redaktionsleiter von Wochen- und Monatspublikationen mit dem Thema Homeoffice zunehmend konfrontiert. Denn den Satz »Ich schreibe morgen im Homeoffice« bekam ich immer öfter zu hören. Ich war von der Meinung geprägt, dass es grundsätzlich gleichgültig sei, wo Texte entstünden, es zähle nur, dass sie gut und termingerecht in den Zeitschriften seien.

Der Referent Frank Berzbach saß an jenem Abend entspannt auf einem Stuhl im Theatersaal des Zürcher Kulturhauses »Karl der Große«. Die Stühle waren in einem Halbkreis um ihn platziert. Es herrschte keine Referat-Stimmung, sondern die Atmosphäre eines persönlichen

Gesprächs. Frank Berzbach sprach frei, aber klar strukturiert, und präsentierte eine Überraschung nach der anderen. Homeoffice verführe zum Schlabberlook zu Hause, der dem Hirn Freizeitmodus signalisiere, was den Arbeitswillen schwäche. Es folgten mehrere solche Kausalitäten, die verblüfften, aber auch überzeugten, weil Frank Berzbach sie frei von missionarischem Eifer locker mit viel Wohlwollen darlegte. An diesem Abend hatte er meine Haltung zum Homeoffice gänzlich auf den Kopf gestellt.

Als anschließend Wein gereicht wurde, kamen wir ins Gespräch und wenige Wochen später erhielt ich von ihm das Manuskript einer wunderbaren, aber sehr unkonventionellen Weihnachtsgeschichte. Darin beschrieb er, wie er vor Weihnachten zugunsten des Kölner »Therapiezentrums für Folteropfer« Verzicht geübt hatte. Er hatte die Jubiläumsveranstaltung des Zentrums besucht, an dem der Schriftsteller Navid Kermani eine Jubiläumsansprache hielt und vom »Einbruch der Wirklichkeit« in Europa sprach, was Berzbach tief bewegt hatte. Ich konnte das gut nachvollziehen. Navid Kermani, habilitierter Orientalist und Muslim iranisch-deutscher Abstammung, hatte an Weihnachten 2014 für unsere Wochenzeitschriften »Sonntag« und »Doppelpunkt« eine hervorragende Bildbetrachtung zur Darstellung des Jesus auf Paolo Veroneses Gemälde »Die Hochzeit zu Kana« geschrieben. Zwei Jahre später erschien in der Weihnachtsausgabe unserer Zeitschriften Berzbachs Bericht über seine Verzichterfahrungen. Vielleicht war das mehr als nur ein Zufall.

Unsere Publikationen haben eine bewegte Geschichte hinter sich. »Sonntag« entstand 1920 als katholische Wochenzeitschrift, »Doppelpunkt« 1925 als evangelische mit dem Titel »Leben und Glauben«. Schließlich wurden »Sonntag« und »Doppelpunkt« zu Schwesterblättern, die sich nur noch im konfessionellen Teil unterschieden. Ende 2016 begannen wir damit, »Doppelpunkt« als Magazin für Achtsamkeit, für einen ethischen Lebensstil neu zu positionieren, weil die reformierte Landeskirche der Schweiz stark an Bedeutung verliert. Die christlichen Werte wie Menschenwürde, Menschenrechte, Solidarität, Mitmenschlichkeit, Lebensfreude blieben Leitlinie, aber die Vermittlung sollte offener und mit Blick auf den »Einbruch der Wirklichkeit« stattfinden. Deshalb suchte ich für unsere Rubrik »Beratung« neue Autorinnen und Autoren, die nicht sinnentleerte Bekenntnissätze zum x-ten Mal wiederholten, sondern aus der Mitte des Lebens vermittelten. Seither schreibt Frank Berzbach für »Sonntag« und »Doppelpunkt« regelmäßig Beratungstexte zum Thema Spiritualität. Spiritualität leitet sich von dem lateinischen Wort »spiro« ab, was »ich atme« bedeutet und eine Einladung zu einem bewussten, intensiven Leben im Körper ist. Neben der theologischen besteht heute nämlich auch eine säkulare Spiritualität, die Alltäglichem und Oberflächlichem eine neue Dimension gibt. Hier setzt Frank Berzbach in seinen Texten an. Er entschlüsselt das Geheimnis von Wirkungskräften, die – auf den ersten Blick – banale Dinge oder simple Verhaltensweisen entfalten können. Warum das so ist, leitet Frank Berzbach in seinen Texten wunderbar her. Er stellt dabei bestehende

Vorstellungen auf den Kopf und schärft die Sinne für Veränderungen, für die Lebenskunst.

Das Ergebnis ist deshalb eindeutig: Sie halten ein Buch in der Hand, das aus diesen, aber auch aus andern Texten besteht, die alle in kleinen Schritten mehr Freude im Leben eröffnen. Denn: Die Freude im und am Leben an sich und seinen Mitmenschen ist urchristlich. Die besondere Kostbarkeit dieses Buches besteht darin, dass Sie die Texte mehrmals lesen können und dabei ein Phänomen erleben. Bei einer zweiten oder dritten Lektüre lösen die Texte tiefere gute Gefühle aus, weil sich darin Ihre eigene Sensibilisierung und Entwicklung zu spiegeln beginnen. Deshalb ist dieses Buch auch ein intelligentes Geschenk für Menschen, die Sie noch für eine sehr lange Zeit gernhaben wollen.

Anton Ladner

Einleitung

Nach einer Lesung in Zürich stand ich an einem Stehtisch beim Apéro und diskutierte mit einem der Hörer leidenschaftlich über Fragen des Glaubens. Ich war ganz erfüllt davon, einen Geistesverwandten kennenzulernen. Einige Zeit später sandte mir der gebildete Herr, Anton Ladner, einen Brief und fragte, ob ich nicht für zwei christliche Magazine schreiben möchte — für »Doppelpunkt« (evangelisch) und »Sonntag« (katholisch). Seit meiner Kindheit gehe ich gern zum katholischen Gottesdienst. Ich hatte großes Glück: Von der Kommunion, der Firmung und über meine ganze Schul-, Berufsschul- und Studienzeit hinweg traf ich Theologen, Religionslehrer und tätige Christen, die mir Raum zum Denken ließen, die mich gut behandelt haben und von denen ich lernen konnte. Meine Schulzeit war keine gute Erfahrung. Immer ging es um Fragen, deren Antworten eindeutig waren — nur im Religionsunterricht gab es Fragen, auf die es keine klaren, sondern nur »philosophische« Antworten gab.

Es war der Raum zum selber Denken, es ging um mein Leben, um Bildung und nicht nur um Qualifikation. Mir ist schon klar, dass ich von dieser Erfahrung her nicht auf die ganze christliche Welt schließen kann, ganz im Gegenteil: Ein Engel muss diese Auswahl außergewöhnlicher Menschen getroffen haben, der ich begegnen durfte. Vielleicht war es einfach Glück. Jedenfalls war diese Erfahrung für mich prägend.

Meine besten Leseerfahrungen sind ebenfalls bestimmt von undogmatischen Katholiken, von unkonventionellen, liberalen Christen: Heinrich Böll, Dostojewski und Tolstoi, Sören Kierkegaard, Karl Jaspers, Hugo Enomiya-Lassalle und Niklaus Brantschen. Die Einladung, für christliche Magazine schreiben zu dürfen, erschien mir daher als Auszeichnung und die schlüssige journalistische Fortführung meiner Gedanken, die ich in den Büchern »Die Kunst ein kreatives Leben zu führen«, »Formbewusstsein« und »Die Form der Schönheit« ausgearbeitet habe.

Die kleinere Form journalistischer Texte ermöglicht es, aktuellere Themen aufzugreifen, sich auf eine Idee zu konzentrieren, auch mutiger zu sein. Mein zweiter Text begann daher mit einem Zitat des AC/DC-Gründers Malcom Young: Der Chefredakteur hatte mir von Anfang an das Gefühl gegeben, damit meine Tätigkeit nicht aufs Spiel zu setzen. Ganz im Gegenteil: Anton Ladner setzt die Reihe mich prägender positiver Erfahrungen mit praktizierenden Christen fort.

Mein Auftrag bestand einfach darin, zu schreiben, worüber ich schreiben möchte. Kein Satz und kein Thema wurden mir vorgeschrieben, kein Text verändert, abgemildert oder zensiert. Meine ganze journalistische Erfahrung, sei es für die Magazine aus der Schweiz, aber auch für zwei Beiträge in der *Frankfurter Allgemeinen Zeitung*, lassen mich den Kopf schütteln über die Fantasie, es gäbe eine »Lügenpresse« oder einen »Staatsfunk« in den freien, westlichen Demokratien. Es ist mir klar, dass Menschen, die sich von Hasspredigern angezogen fühlen, nichts bedrohlicher ist als eine freie Presse, in der Autoren schreiben, was sie schreiben möchten. Die Kirche ist für mich so lange eine ernstzunehmende Institution, wie es freie, liberale, kritische, aber natürlich auch konservative christliche Medien gibt, die sich nicht von den Ideologien einer engen politischen Korrektheit, aber auch nicht von Dogmatismus, Intoleranz und Nationalismus verführen lassen. Dass sich ein Teil der Menschen, die glauben, die Ersten werden die Ersten sein — »America first« — als christlich versteht, deprimiert mich. Wer für die Folter plädiert, für die Todesstrafe, für freien Waffenhandel und Aufrüstung, wer auch in der Fraktion der Neonazis »gute Menschen« sieht, den Armen die Krankenversicherung nehmen will und den Milliardären die Taschen füllt, der kann kein Christ sein.

Die Werke der Barmherzigkeit sind nicht mehrdeutig. Die Bergpredigt und die Gebote sind nicht beliebig auszulegen und zu verbiegen, die Nächstenliebe gilt nicht nur für wohlhabende Weiße, sie gilt für alle Menschen, sogar für Tiere. Christ zu sein, verbietet die Überheblichkeit. An Gott zu glauben, bedeutet nicht, sich mit Gott zu verwechseln. Christen wie auch Buddhisten sind mitfühlend und selbstlos, sie praktizieren etwas — oder sie sind Ungläubige und verstoßen gegen die Regeln und Einsichten, die Jesus und Buddha in die Welt brachten.

Heute ist keiner mehr gezwungen, sich zum Glauben zu bekennen, aber wer es tut, der sollte vor Verführungen durch Narzissten und Tyrannen auf der Hut sein.

Dies alles bekommt konkrete Relevanz in unserem Alltag. Wir hören Popmusik, kaufen Kleidung, neigen zu Stilen, feiern Ostern und Weihnachten. Wir sind permanent damit beschäftigt, ästhetische, ethische und politische Handlungen auszuüben — ganz egal, ob wir interessiert sind oder nicht. Uninformiert, unbedacht agieren wir meist fremdgesteuert. Manipuliert von Populisten, der Werbung, der Erziehung, Gewohnheiten oder niederen Trieben. Es ist leicht, sich den Lastern hinzugeben.

Es ist leicht, aus Trägheit alle Formen verfallen zu lassen. Mich interessiert das Gegenteil: Wie können wir die Welt, die Menschen, die Beziehungen verschönern, besser gestalten, wahrhaftiger werden? Wie können wir Formbewusstsein entwickeln, um frei zu werden und politisch frei zu bleiben? Wie konsumieren wir, wie arbeiten wir — und wie gestalten wir damit die Welt?

Die Texte dieses Bandes, von denen viele, aber nicht alle, in verschiedenen Magazinen erschienen sind, geben Auskunft über mein Nachdenken über solche Fragen. Sie sind Interventionen und meine Versuche, etwas zu verstehen. Sie sind meine Wege, eine Position zu finden. Am Anfang steht für mich meist etwas, das mich beschäftigt oder bedrängt, manchmal besorgt. Dann recherchiere ich, spreche darüber, denke nach — und am Ende schreibe ich es nieder. Das können kleine oder größere Fragen sein, zwischen der fatalen Machtübergabe an Donald Trump und einer persönlichen schlaflosen Nacht, zwischen der Frage, ob wir Tiere essen dürfen und dem Umgang mit der eigenen Familie, zwischen der Musik Johnny Cashs und der Beatles (beide verehre ich!) und der Lektüre eines Buches, das mich beeindruckt. Ich bin froh, dass sie zum Buch geworden sind und als kleine Sammlung zugänglich.

ALLTAGSBEOBACHTUNGEN

Die Kraft der Ordnung

Wer ans Sammeln denkt, hat oft die sympathischen Extremisten im Sinn, die tausende von Schallplatten, Büchern, Briefmarken, Münzen oder Turnschuhen anhäufen. Dabei könnte man mit einer etwas alltagsnäheren Definition arbeiten: Wer mehr als drei Exemplare von etwas hat, der sammelt. So gesehen, sammeln wir also alle, oft ohne es zu bemerken. Dabei hat der Sammler ein anspruchsvolles Verhältnis zu den Dingen, er weiß etwas über seine Besitztümer, er bringt sie in eine wohlüberlegte Ordnung und achtet auf sie. Der noch immer anspruchsvollste Philosoph des Sammelns bleibt Walter Benjamin. Er sah den Sammler immer oszillieren zwischen den Polen der Unordnung und der Ordnung. Mit Sammlern zu sprechen, bedeutet über die Art und Weise zu sprechen, wie sie ihre Sammlung anrichten. Da wir alle sammeln, stellt sich jedem diese Frage in gewisser Weise. Halten Sie Ordnung? Wie?

Dieser Umweg über das Sammeln führt zum eigentlichen Thema: Ich möchte über das Aufräumen, über die Ordnung der Dinge nachdenken, die uns zu Hause umgeben. Mit der Sicht auf die eigene Wohnung als selbst kuratierte Privatsammlung will ich die unangenehmen inneren Stimmen ausschalten, die uns in der westlichen Kultur oft verfolgen: »Geh dein Zimmer aufräumen!«. Wer hat diesen Satz von seiner Mutter oder dem Vater nicht gehört? Warum, das ist Kindern oft gar nicht ersichtlich. Als Kind dachte ich, meine Eltern zwingen mich dazu, damit es auch bei mir aussieht wie in ihren Zimmern, und: Die wollen mich doch nur vom Spielen abhalten! Auch ich hatte eine lange Aversion gegen die Ordnung — aber manchmal emanzipiert man sich von den elterlichen Prägungen, findet zu eigenen, erwachsenen Ernährungs- und Kleidungsvarianten, und auch zum unabhängigeren Verhältnis zur häuslichen Ordnung. Ich kenne einige Leute, die noch als Erwachsene eine krasse Unordnung aufkommen lassen, so als befänden sie sich auch mit über 50 noch im permanenten, oft unbewussten Kampf gegen die Ordnungszwänge ihrer Eltern. Es gab eine Epoche, in der tatsächlich eine vulgär rezipierte Pflichtethik und kleinbürgerliche Ordnungszwänge die Gründe waren, warum die Wohnungen bis zur Sterilität geputzt wurden. Es gab Wohnzimmer, die eher Repräsentationszwecken dienten, es gab Porzellan, das nie benutzt wurde. Man hatte manchmal den Eindruck, die Menschen hätten am liebsten eine zweite Wohnung neben der eigentlichen, damit die erste ein unversehrtes Ausstellungsstück bliebe. Aber diese Zeiten sind — zum Glück! — vorbei.

Heute stehen wir vor der Frage, wie wir wohnen und arbeiten möchten. Der Durchschnittsbüroarbeiter sucht pro Arbeitstag etwa eine Stunde. Es gibt in manchen Branchen die sich hartnäckig haltende Ideologie, das Genie beherrsche das Chaos und Chaos habe mit Kreativität zu tun. Dahinter steckt ein längst vergangener anti-bürgerlicher Affekt, den manche noch kultivieren, obwohl das 19. Jahrhundert lange vergangen ist. Nun fällt schnell auf, dass Räume mit einer betörenden Atmosphäre, mit einer einnehmend heilsamen Anmutung — seien es Museen, Kirchen, Moscheen, Tempel, Bibliotheken, alte Theater- und Konzerthäuser, Künstlerkolonien, Klöster oder Schlösser — dass diese Orte alle sehr geordnet, sehr geformt und sehr sauber sind. Ein Zen-Kloster wird permanent geputzt; und das hat spirituelle Gründe. Der Kampf gegen den Staub ist nicht zu gewinnen, dahinter steckt die Einsicht, dass eben nicht alles Leben Problemlösen ist, sondern vieles im Leben unlösbar bleiben wird. Das Wiederholende am Ordnung schaffen, die immer wieder von selbst entstehende Unordnung, der Formverfall, dem wir entgegenarbeiten, bezeugt: Wir sind lebendig. Es ist gut, seine Wohnung in Ordnung zu halten, sie zu entschlacken, nicht zu viel zu besitzen und das, was wir besitzen, als etwas Wertvolles zu betrachten. Wir sollten einen Dialog eingehen mit den Dingen, und wer will schon mit jedem Dahergelaufenen reden? Lieber sprechen wir mit guten Freunden. Wenn ich in meinen Kleiderschrank schaue, sollen mir die geliebten Kleidungsstücke begegnen — und nicht ein Berg Altkleider, in dem ich das Hemd, das ich anziehen möchte, mühsam suchen muss.

Gerade im Frühling spüren viele Menschen das Bedürfnis, auszumisten, aufzuräumen und neu zu ordnen. Der

Frühling zeigt das neu und wieder entstehende Leben, er ist ein Anfang. Und bevor wir anfangen, sollten wir aufräumen. Wer entspannt kochen möchte, der tut dies in einer aufgeräumten Küche, in der alle Messer, Töpfe und Zutaten griffbereit sind. Wer mit einer neuen Arbeitsaufgabe beginnt, der räumt oft zuerst einmal seinen Schreibtisch auf. Jede gute Werkstatt ist eine sehr wohlgeordnete Ansammlung aller Werkzeuge — das erlernt jeder Lehrling im ersten Ausbildungsjahr: Die Werkstatt zu fegen. Das Aufräumen verschafft einen Überblick über das, was überhaupt vorhanden ist, es ordnet und pflegt die Dinge auch selbst. Was wir zu Hause haben, sollte schön sein oder nützlich oder beides. Warum haben wir so viel Zeug?

Marie Kondo, die Bestsellerautorin aus Japan, die sich dem Thema Aufräumen widmet, ist eine Therapeutin auf materiellen Umwegen. Was in ihren Büchern zum Thema wird, hat auch mit der tatsächlichen Ordnung zu tun — aber im Hintergrund steckt die Arbeit am Innenleben. Wir ordnen natürlich nicht nur den Kleiderschrank, wenn wir ausmisten, sondern wir entscheiden, was wir behalten, also selbst tragen werden. Wir entscheiden darüber, wer wir sind und sein wollen. »Stellen Sie sich Ihr Leben inmitten von Dingen vor, die Sie lieben, die Ihnen am Herzen liegen und die Sie gern um sich herum haben«, schreibt die Japanerin. Es ist Zeit, uns vom Zwang der Idee, die Ordnung bestände nur aus Zwängen, zu befreien. Die Ordnung ist die Grundlage für äußere und innere Ruhe, für die Fähigkeit, sich zu konzentrieren, für eine innere und äußere Klarheit — sie hat eine starke, unterschätzte spirituelle Kraft. Die gute Ordnung ist heilsam, sie stützt. Diese Dimensionen sind mir für den Frühlingsputz sehr viel wichtiger als die Stimme meiner Mutter. Schließlich lebe ich in meiner Wohnung, nicht meine Eltern!

Der Verfall des Schamgefühls

»Da wurden ihnen beiden die Augen aufgetan, und sie wurden gewahr, dass sie nackt waren …« (1. Mose 3.7) Es war ein Fehler, vom Baum der Erkenntnis zu essen, sonst hätte Gott die Menschen nicht aus dem Paradies vertrieben. Aber die Erfindung des Schamgefühls lässt sich vielleicht auch als eine vorauseilende Gnade Gottes lesen. Schuld und Scham überhaupt empfinden zu können, ist eine der Grundlagen menschlicher Hochkultur. Der Soziologe Norbert Elias hat das »Vorrücken der Schamschwelle« als ein zentrales Moment der Entwicklung der Zivilisation beschrieben. Heute gelten viele Verhaltensweisen, die noch bis ins späte Mittelalter reichen, als unehrenhaft, unanständig und taktlos. Wer in die realistischen mittelalterlichen Romane schaut, der bekommt davon einen Eindruck. Früher war nicht alles schlechter und schon gar nicht alles besser, ganz so einfach ist es nicht — aber fraglos dominieren die zivilisatorischen Verbesserungen.

Was der weitsichtige Norbert Elias nicht sah und nicht mehr miterleben musste, war der seltsame historische

Punkt, an dem scheinbar eine Rückentwicklung einsetzte. Die Hochkultur ist wohlhabender denn je, die Menschen in den reichen Gesellschaften arbeiten weniger fremdbestimmt als jemals zuvor, das Essen ist besser und reichhaltiger, die Medien sind freier, klüger und faszinierender und die Möglichkeiten sich zu kleiden vielfältiger. Aber wozu führt das? Die hinzugewonnene Freizeit verbringen viele vor dem Fernseher; in den teuren Küchen werden Fertigprodukte zubereitet, die nebenbei verschlungen werden; der vom Barista zubereitete Kaffee wird in Pappbechern »to go« konsumiert, die gelockerten Kleidungsregeln führen nicht zur Verschönerung, sondern zur Verlotterung; die mobilen Telefone lassen Leute in der Öffentlichkeit lauthals über die intimsten Aspekte fabulieren. Ich habe den Eindruck, die Fähigkeit, sich zu schämen, nimmt ab. Es fehlt an Formbewusstsein und dem Nachdenken darüber, welche zentrale Bedeutung die Formen für die Zivilisation haben.

Der Alltag erscheint dennoch zurzeit als das kleinere Übel. Die Schamlosigkeit mancher Eliten ist zu einem viel bedrohlicheren Problem geworden; sie ist zu einer die Zivilisation zerstörenden *Bewegung* geworden. Sie scheint hoch ansteckend, weil sie nicht an Kulturen oder Religionen gebunden zu sein scheint. In der westlichen Welt ist Donald Trump zum Führer einer Bewegung der Schamlosigkeit aufgestiegen. Sie schockiert und zieht die Aufmerksamkeit auf sich. Sie folgt einer im Kern atheistischen Weltanschauung. In den Weltreligionen wurde das Bewusstsein, gegen göttliche Weisungen zu verstoßen, als Quelle des Schamgefühls betrachtet. Ohne einen Begriff von religiöser oder spiritueller Ethik existiert also kein Schamgefühl. Nun mag schon allein das perverse Ausmaß an Reichtum der neuen Elite bei gleichzeitiger Verarmung der Bevölkerung eine Sünde sein; aber selbst wer in diesem Punkt dem Neoliberalismus anhängt, der kennt das Gebot: Du sollst nicht falsches Zeugnis ablegen. Die schamlose Lüge allerdings ist zur zentralen Strategie geworden, um fragwürdige Ziele zu erreichen. Da werden Terroranschläge erfunden, die nie stattgefunden haben, da wird die freie Presse der Lüge bezichtigt, weil sie die Wahrheit zu Tage fördert, da fordert die Pressesprecherin des Präsidenten in ihrer Amtsrolle im Fernsehen zum Kauf der Produkte von Trumps Tochter auf …

Nun hat das, was »die da oben« machen, immer Auswirkungen auf die ganze Gesellschaft. Das Establishment gibt die Kultur oder Unkultur vor, innerhalb der sich die Bürger positionieren können. Auch unflätiges Verhalten braucht Vorbilder und Quellen — wir sind in der bedrohlichen Situation, dass man sich heute für gar nichts mehr schämen zu müssen meint — weil ein amerikanischer Präsident und seine Helfer in ihrer Schamlosigkeit gar nicht mehr zu überbieten sind. Es verbietet sich, hier die unflätigsten Sätze zu wiederholen, die Donald Trump über Frauen, Gläubige, Behinderte, Afroamerikaner, Demokraten, Juristen, Wissenschaftler und andere geäußert hat — sie liegen zu weit unterhalb der Minimalstandards kultivierter Sprache. Was man nicht einmal in den Mund nimmt, sollte man lieber nicht drucken. Was aber tun, wenn die Bedrohung diesmal nicht nur von einer kleinen Minderheit nichtintegrierbarer Menschen ausgeht, sondern vom Machtpol selbst ausstrahlt?

Es ist schwer, darauf eine Antwort zu finden. Jedenfalls provoziert die Bedrohung der Kultur durch die, die sie zerstören wollen, ein natürliches Zusammenrücken, eine eigene Energie. Viele Menschen denken und handeln zum ersten Mal politisch, suchen die Nähe zu demokratischen Parteien, werden wacher und unterstützen die freie Presse. Die demokratische Kultur, die Freiheit der Glaubensausübung, die europäische Friedensidee, der sozial gerahmte freie Handel — es sind Werte, die plötzlich in ungeahntem Maß verteidigt werden müssen. Machthaber ohne Schamgefühl sind auch nicht fähig, Schuld zu empfinden; sie mögen Liebe haben, lieben aber narzisstisch nur sich selbst. Sie haben, wo anderen die Augen geöffnet wurden, nur das Bedürfnis, Sündenböcke zu finden, Lügen zu verbreiten und die Nächstenliebe auszuhebeln. Der Anblick einer Trump-Rede erzeugt das natürliche Gefühl der Fremdscham. Je schamloser Machthaber agieren, desto sensibler muss der Gläubige werden — er befindet sich in der Revolte gegen jeden Verstoß gegen göttliche Weisungen. Der Christ sollte die Scham empfinden, die anderen abgeht. Er handelt im Sinne der Nächstenliebe, wenn andere sie mit Füßen treten. Ich hätte nicht gedacht, dass wir in die Situation kommen, wo selbst an die grundlegenden, die Zivilisation tragenden Gefühle erinnert werden muss. Der politische Zeitgeist, die Rechtspopulisten diktieren dem Christen neue Kardinaltugenden: die Fähigkeit, sich schämen zu können und die Fähigkeit, Schuld zu empfinden. Trump und seinen Gesellen fehlt leider beides.

Spiritualität und Neonationalismus

Es gibt innere und äußere Wege, seine Wahrnehmung heilsam zu verändern. Wer sich spirituell entwickeln möchte, kann das auf dem Weg der Mönche tun — im radikalen Rückzug; aber er kann dies auch *in der Welt* tun, mit klarem Blick auf die Gesellschaft. Wer sich mit spirituellem Interesse der Welt zuwendet, der hat genügend Anlässe, Gott in allem zu finden. »Mit liebendem Herzen setzte ich mich ein für Gerechtigkeit und Frieden in mir, in meinen Beziehungen und in der Welt, sowie für die Bewahrung der Schöpfung«, heißt es daher in der *Ausrichtung für den Tag* der christlichen Via-Integralis-Kontemplationsschule. Die Gemeinschaft meditierender Gläubiger ist keine weltabgewandte Versammlung von Menschen, die nur um sich selbst kreisen. Auch sie ist konfrontiert mit politischen Veränderungen.

In den letzten Jahrzenten haben sich die europäischen Demokratien weiterentwickelt. Die Freiheiten wurden größer und die Menschen toleranter. Vielleicht stockt diese Entwicklung, vielleicht ist sie sogar in Gefahr. Wie könnte das nächste Jahr politisch aussehen? Werden

Marine Le Pen und Donald Trump Weltmächte regieren? Werden Herr Blocher in der Schweiz, die AfD / NPD in Deutschland, die FPÖ in Österreich weiter erstarken? Werden sich neben Putin oder Erdogan noch andere Autokraten durchsetzen, anfangs auf dem Weg demokratischer Wahlen, um dann die Demokratien abzuschaffen? Wie wird England außerhalb der EU agieren?

Wie sieht eine Zukunft aus, die von der Illusion geleitet wird, der Nationalismus könne das Heil bringen — obwohl er, ein Blick in die Geschichtsbücher reicht aus, so viel Unheil gebracht hat? Vom Standpunkt des Christen aus gesehen, mögen Nationen als Erfindung der Aufklärung eine Berechtigung haben, und natürlich existieren ein gesunder Patriotismus, eine regionale Leitkultur und Heimatliebe. All das ist sogar wichtig. Allerdings: Die Neonationalisten sind nur dann zur Liebe fähig, *wenn sie andere abwerten können*. Ohne diese Abwertung haben sie keine Kraft. Warum laufen so viele Menschen ihnen dennoch nach? Diese Fragen sind nicht nur politische, sondern auch spirituelle Herausforderungen.

Schaut man die Neonationalisten an, so fällt auf, dass ihnen ein atheistisches, überspanntes Denken und fehlende Gefühlskontrolle gemeinsam ist: Nicht Mitgefühl, Barmherzigkeit und Nächstenliebe bestimmen ihre Reden, sondern widersprüchliche Argumentationen, aufgeladen von Wut. Derzeit richtet sich ihre Abwertung vor allem auf Fremde. Menschen, die sich mit solchen Reden identifizieren können, lehnen die etablierte, offene Religion harsch ab. Jede Ausgewogenheit, jeder »mittlere Weg« ist ihnen fremd. Dabei muss daran erinnert werden:

Das Christentum kennt keinen Nationalismus und keine Klasse, sondern nur die Weltgemeinschaft der Gläubigen. Augustinus nannte dies den »Gottesstaat«, dessen Bürger wir nur unabhängig von Stand und Herkunft sein können. Wer Hasspredigten etwas abgewinnt, der ist verwiesen auf sich selbst: Woher stammt die Wut? Wieso breiten sich destruktive Emotionen so stark aus? Und dies, obwohl es uns in den westlichen Demokratien besser geht als jemals zuvor. Noch unsere Eltern oder Großeltern mussten viel mehr arbeiten, hatten weniger Urlaub und kannten die Armut, viele erlebten Kriege. Der sich ausbreitende Neonationalismus ist zum einen ein politisches Thema, zum anderen aber lässt sich beobachten, dass *destruktive Emotionen* mit ihm salonfähig werden. Neid, Hass, Missgunst, die Unfähigkeit zum Kompromiss, Unerbittlichkeit, der Hang zum Besserwissen — dies alles sind dem Menschen mitgegebene Laster, die unabhängig von politischen Zeitläufen existieren. Wir sollten unsere Laster nicht so sehr nach außen tragen, sondern uns ihnen stellen. Sie sind Anteile unserer menschlichen Natur, die uns von Gott entfernen und die wir dennoch nicht leugnen sollten. Wer sich selbst nur für gut hält, der sperrt seine Laster in den Keller — dort aber existiert ein Fitnessstudio, in dem sie trainieren und stärker werden. Irgendwann kommen sie an die Oberfläche zurück. Dem Christen ist es aufgetragen, sich seinen Lastern zu stellen. Wer meditiert, der hält inne und lässt zu, dass dunkle Gefühle aufsteigen. Er stellt sich seinen destruktiven Anteilen. Wir müssen damit umgehen lernen, dass wir selbst keine Götter sind. Wir sind fehlbar. Wer sich eingestehen kann, dass er Angst hat, muss das

Fremde nicht mehr hassen. Er kann Fremden begegnen und wird ein anderes Bild haben — eins, das auf Erfahrung beruht. Er spricht dann über seine Angst — nicht mehr nur über das Fremde. Er spricht dann vielleicht mit Fremden, die so vertrauter werden. Der Neonationalismus ist mit bestimmt von diesem Spiel der *sekundären Emotionen*: Wer sich den Ängsten nicht stellt, überdeckt sie durch die stärkeren Gefühle Wut und Hass. Wer aggressiv wird, spürt nämlich keine Angst mehr. Buddha erklärte den Mechanismus der Wut mit der verfehlten Idee, selbst Gift zu trinken und zu hoffen, dass ein Anderer daran stirbt. So gesehen sind gerade die mit den stärksten Parolen die größten Feiglinge. Sie haben Angst vor sich selbst, vor ihren Lastern — und sie projizieren sie auf andere. Zur Zielscheibe kann vieles werden: »die Politiker«, »die Wirtschaft«, »die Ausländer«, »Europa«, »die Presse«, »die Kirche«, »die Frauen« usw. Verallgemeinerungen sind immer falsch, aber es geht in den niederen Abwehrmechanismen auch gar nicht um Sachliches. Es geht um Psychohygiene und Angstverdrängung.

Das Eingeständnis, Angst zu haben und sie auszuhalten, verbindet derzeit die Bereitschaft zur spirituellen Entwicklung mit dem Willen, in freien Demokratien leben zu wollen. Ganz konkret: Erdogan, Trump, Putin, Le Pen und andere machen mir große Angst, weil ihren Worten Taten folgen werden. Ihren Anhängern begegnen wir, und ohne ihre Einstellung tolerieren zu müssen, dürfen wir sie als Menschen nicht zu schnell abschreiben. Wir müssten einen Weg finden, wie zur Großmannssucht neigende Menschen einen Zugang zu ihrer Angst bekommen können. Und das, ohne ihr Gesicht zu verlieren. Ich muss gestehen, dass ich dazu kein Rezept habe. Vielleicht suchen weltweit Demokraten und Christen nach diesem Rezept: Wie bringen wir Menschen, die von destruktiven Emotionen regiert werden, wieder zurück zu Mitgefühl und Nächstenliebe? Wir könnten für sie beten, aber das ist zu wenig. Wir müssen auf sie zugehen, mit ihnen reden, wir müssen sie einladen und ihnen Erfahrungen ermöglichen, die sie vielleicht lange nicht mehr hatten. Es geht nämlich auch anders. Es geht ohne Hass. Dann ist zwar alles etwas komplizierter und langsamer, aber es ist immerhin — christlich.

Die Form / des Protests

Das größte Treffen von Regierungschefs weltweit hat letztes Jahr zu Protesten geführt, zu friedlichen, aber auch zu gewalttätigen. Hätte der G20-Gipfel in Russland, China, Saudi-Arabien oder der Türkei stattgefunden — gegen ihn zu protestieren, wäre lebensgefährlich gewesen. Ohne Pressefreiheit und ohne Demonstrationsrecht gibt es kaum Möglichkeiten, öffentlich auf Missstände aufmerksam zu machen. Wir haben nur in wenigen Ländern überhaupt das Recht zu protestieren. Diese Freiheit, einmal erreicht, ist dennoch nicht festgeschrieben. Am Selbstverständnis von Erdogan, Trump oder Putin lässt sich erkennen: Es gibt genügend Oligarchen, die das Rad zurückdrehen wollen. Allein das ist ein Grund, auf die Straße zu gehen — weil das in Hamburg erlaubt ist. Nur Freiheiten, die genutzt werden, existieren.

Warum überhaupt protestieren? Menschen sind betroffen vom Unrecht der Welt, selbst wenn sie nicht persönlich daran schuld sind. Neben der moralischen, politischen oder kriminellen Schuld existiert, so der Philosoph Karl Jaspers, die Dimension einer »metaphysischen Schuld«.

Die entsteht, wenn wir vom Unrecht überhaupt erfahren, wenn es Verbrechen gegen die Menschlichkeit gibt. Mündige Bürger sind *Mitleidende* — nur wer dazu fähig ist, ist erwachsen, reif und vernünftig. Proteste können auf Einschränkungen der Freiheit hinweisen, auf »Systemfolgeschäden« und den Missbrauch der Macht. Demokraten können stolz darauf sein, diese Freiheit zu gewähren. Es gibt viele Gründe, sich über friedliche Proteste zu freuen. Bestenfalls stärken sie die Menschen, die für eine gerechtere und friedlichere Welt Vorschläge einbringen.

Schaut man sich an, wer aus welchem Grund in Hamburg demonstriert hat, entsteht kein homogenes Bild. Es gibt für Christen viele Gründe, gegen einen US-Präsidenten auf die Straße zu gehen, der das Gebot, man solle nicht lügen, permanent missachtet und der den Hass und keinesfalls die Nächstenliebe anfeuert. Es gibt Gründe, für Religions- und Meinungsfreiheit weltweit zu demonstrieren. Es ist angebracht, gegen die Pressezensur, Verfolgung und Folter in der neuen Türkei Flagge zu zeigen. Es ist wichtig, Konzernen, Banken und Börsen rechtliche Grenzen zu setzen, damit nicht nur Oligarchen diese Welt regieren.

Man kann — beinahe — gegen alles protestieren. Es stellt sich dabei schnell die Frage: Ist man *gegen* etwas — oder demonstriert man *für* etwas? Gegen etwas zu sein, ist einfach: Man kann auf andere zeigen und sie moralisch verurteilen, zu Schuldigen machen, ohne sich selbst als Teil der Gesellschaft zu sehen, ohne selbst Vorschläge zu machen.

Es ist paradox: Eine große Mehrheit ist gegen Tierquälerei — und isst zugleich bedenkenlos Fleisch. Viele fordern härtere Umweltrichtlinien, wollen aber weiterhin billiges Benzin tanken. Viele sind gegen die Globalisierung, tragen aber in Asien ausbeuterisch produzierte Kleidung. Viele lehnen Erdogans Herrschaft ab, nehmen aber den günstigen Türkeiurlaub dennoch mit. Viele, die gern öffentlich protestieren, sehen sich gar nicht als Teil der Gesellschaft und die Regierungen nicht als ihre Vertreter: Sie stellen sich auf einen Standpunkt außerhalb und urteilen so, als gehörten sie nicht dazu. Es ist ein imaginärer, geradezu unmöglicher Standpunkt.

Es gab einen Engel, der tat dies auch: »Der Versuch, eine Grenze zu ziehen, um von der anderen Seite aus Gott und seine Schöpfung zu beobachten, galt in der Alten Welt als Fall des Engels Satan«, schrieb der Soziologe Niklas Luhmann über den Protest. In der Bibel wird thematisiert, was zum Problem werden kann: Man kann *innerhalb* einer Ordnung protestieren. Wer das in der Demokratie tut, bewahrt die Freiheit und macht auf Missstände aufmerksam. Aber wie im Fall des Engels: Man kann *gegen die Ordnung insgesamt* sein. Man kann alle Vereine für »Scheißvereine« halten, ist aber selbst Mitglied in keinem einzigen. In den letzten Jahren nehmen die Protestformen zu, die sich gar nicht auf Missstände beziehen, sondern auf die Säulen der freiheitlichen Ordnung selbst. Es gibt Attacken auf die Gewaltenteilung, auf die freie Presse und die parlamentarischen Verfahren selbst. Von Rechts- und Linksradikalen, inzwischen auch von Präsidenten, wird unter Ausnutzung der gewährten Freiheit »das System« angegriffen. Es ist, psychologisch betrachtet, gar kein Protest gegen etwas Konkretes, es ist Protest gegen die Komplexität der Welt an sich. Und es ist bequem: Wer den Lügen eines Donald Trumps glaubt, der lebt in einer einfachen, eindeutigen Welt ohne Klimawandel und mit klaren Feindbildern. Darin begründet liegen die Schlichtheit und die Verbissenheit seiner Fans.

Wenn bestimmte Gruppen die Demokratie insgesamt ablehnen, dann ist es sinnvoller, von Extremismus zu sprechen. Dann hilft scheinbar nur noch das Anzünden von Autos, die anderen gehören. Dies zeigt den »Menschen in der Revolte«, der auch Albert Camus beschäftigte. Der Fanatiker möchte gar nicht die Missstände beseitigen, er strebt selbst nach Erlösung. Er vergisst seine Ziele und verdoppelt die Anstrengung. Er nutzt gar nicht erst die realen Gestaltungsmöglichkeiten, weil die keine schnelle Erlösung bringen. Wer dauerhaft mitgestaltet, muss Spannungen aushalten. Der muss geduldig sein. Der Eintritt in eine Partei, die Förderung einer NGO oder schlichtweg bei sich selbst anzufangen, also die mühsame Arbeit, in der man beweisen muss, dass man *für* etwas ist und gangbare Lösungen sucht, dies alles bietet keine schnelle Erfolgsaussicht. Gandhi, dessen Protest sehr erfolgreich war, wollte nicht kämpfen — er sah den Protest als Möglichkeit, andere zu überzeugen — und nicht, sie zu *besiegen*. Proteste sind wichtig, wenn sie konstruktive Aspekte zeigen und dem »Gegner« Spielräume eröffnen — im anderen Fall sind sie nichts als destruktive Emotion,

Psychohygiene und naive Sehnsucht nach dem Paradies. Wer gegen alles ist, aber für nichts, der sagt vor allem etwas über sich selbst. Er rüttelt vergebens an der Tür zum Paradies — die bleibt aber vorerst verschlossen.

Ein Ort / der Heiligkeit

Einen Ort zu betreten, den Peter Zumthor geschaffen hat, ist eine Inspiration. Auf einem versteckten Feld in der rheinischen Eifel liegt eine Kapelle, in der man dem Heiligen begegnen kann. Eine spirituelle Landpartie.

Die großen Architekten bebauen und prägen unsere Welt, viele halten sich daher für die größten unter den Künstlern. Nimmt man die kreativen Leistungen aber einmal ernster, nämlich als *schöpferisches* Handeln, welches das Menschliche übersteigt, dann sind viele der »Stars« allerdings nur noch Architekten — Peter Zumthor allerdings ist ein Schöpfer. Kein Wunder, dass er Einzelgänger geblieben ist; ich stelle ihn mir als Einsiedler vor. Was er baut, wie er baut, womit er baut, ist außergewöhnlich. Die verwendeten Materialien, die Einpassung in das Umliegende, die Verbindung von Form und Zweck seiner Bauwerke summieren sich zur spirituellen Kraft, die von diesen Räumen ausgeht. Würden heute noch große Gotteshäuser gebaut, er wäre der Dom-Baumeister der Moderne. Das lässt sich einen Steinwurf vom Kölner Dom entfernt, im Kolumba-Museum, erleben. Peter Zumthor hat dort eins der schönsten und faszinierendsten Museen Deutschlands realisiert. Im Jahr 2007 wurde in der Nähe von Wachendorf in der Eifel die Bruder-Klaus-Kapelle eingeweiht, die schnell zum Pilgerort für Architekten und Gläubige aus der ganzen Welt wurde. Sie ist ein Ort der Heiligkeit.

Aus über 100 Fichtenstämmen wurde die zeltartige Konstruktion errichtet, die dann verschalt, mit Beton übergossen und schließlich drei Wochen ausgebrannt wurde. Übriggeblieben ist ein über 12 Meter hoher Bau, oben geöffnet, der von außen fünfeckig und streng geometrisch wirkt — und im Innenraum ein spirituelles Wunder bereithält. Öffnet man die schwere, dreieckige, spitzwinklige Metalltür, führt ein schmaler Gang in das sich nach oben verengende »Zelt«. Eine tropfenförmige Deckenöffnung gibt den ausschnitthaften Blick in den Himmel frei. Es ist dunkel in der Kapelle. 350 mundgeblasene Glaskugeln verschließen die Öffnungen an der Außenwand, durch die das Licht glimmt. Auf einer Stele ruht die Bronzebüste des Schweizer Bildhauers Hans Josephsohn, die das Angesicht von Nikolaus von der Flue zeigt. Es schaut auf die gegenüberliegende Wand, an der das sechsspeichige Rad hängt, das Symbol des Mystikers und Heiligen. Der Duft von Bienenwachskerzen strömt einem schon im Eingangsbereich entgegen. Es gibt keinen Altar, sondern nur eine schmale Holzbank, auf der zwei Leute Platz finden, ein Stundenbuch mit Gebeten und wenige brennende Kerzen. Kaum mehr als fünf Personen passen in den Innenraum, der Boden ist aus Zinnblei gefertigt. In dessen Mitte wiederholt sich die tropfenförmige Deckenöffnung als Bodenvertiefung, in der Wasser steht.

Der Blick des Betrachters wandert zwischen der Deckenöffnung, die einen hellen Himmelsausschnitt und ziehende Wolken zeigt, und der Oberfläche des schwarz-spiegelnden Wassers auf dem Boden hin und her. Die Ähnlichkeit der Form erzeugt eine starke Eigenwirkung, für die sich kein Name findet. Wie wirkt es wohl, wenn der Regen in die Kapelle fällt? Vielleicht finden sich generell für diese Art einer Architektur der Heiligkeit keine Worte, weil die Urerfahrung Gottes eine jenseits der Begriffe ist. Die Worte trennen die Formen voneinander, erzeugen unsere dualistische Welt, aber die Erfahrung Gottes vereint sie, lässt uns wieder eins werden. Peter Zumthor hat das verstanden, sonst könnte er nicht solche Räume schaffen. Es sind sprachlose Räume, die uns Zugang zu einer Botschaft verschaffen.

Die Kapelle selbst liegt auf einem Feld, eine Autostunde von Köln im Nirgendwo. Sie hat keine Hausnummer oder Straßenangabe, nur der Parkplatz lässt sich finden und man kann froh sein, wenn dort nicht schon ein italienischer Reisebus steht. Eine halbe Stunde läuft man durch die Felder, den hohen Steinkubus bereits im Blick. Fotografieren ist im Innenraum untersagt, er ist allerdings auch kaum reproduzierbar. Eng, dunkel und in sich gedreht. Von außen lässt sich der Bau zwar einfangen, aber das Außen steht im maximalen Kontrast zum Inneren, es erinnert an einen Bunker. Setzt man sich in den Schatten unter die nahegelegenen Bäume am Rande des Feldes, sieht man den irritierten Besuchern zu, wie sie um den Bau herumgehen wie Buddhisten um eine Stupa. Aber das Geheimnis lässt sich nicht lüften. Es bleibt unergründlich, wie der Glaube selbst. Zumthor greift sublim Motive der Visionen von Bruder Klaus auf, höchstens in Andeutung, im nur indirekten Zitat und niemals plakativ. Die Kapelle ist keine konkrete Illustration. In der Brunnenvision des Mystikers fließen Honig, Öl und Wein aus einem Tabernakel, aber dennoch leiden die Menschen an Armut. Sie jagen nur dem Geld nach, übersehen das Wesentliche. Der Geruch der Bienenwachskerzen in der Kapelle, das Wasser auf dem Boden, das an Öl oder Wein erinnert, die Tropfenform der Öffnungen, die Abgeschiedenheit der Kapelle selbst, einer Einsiedelei gleich und ebenso klein — es ist die Welt und Innenwelt des Bruders Klaus in spiritueller Übertragung. Der Bau liegt geografisch zwar weit entfernt von seiner ursprünglichen Wirkstätte in der Schweiz; aber er liegt zugleich im Herzen seiner Visionen.

Ort und Zeit sind in der Mystik keine einfachen Kausalitäten — wo und wie das Heilige aufblitzt, liegt jenseits der Rationalität. In der Brunnenvision erkennt Bruder Klaus, dass das Tabernakel, aus dem der Fluss entspringt, er selbst, sein Herz ist. Und vielleicht ist eine Erkenntnis der Bruder-Klaus-Kapelle, dass die spirituelle Kraft, die dort wirkt, dem Herz des Besuchers selbst entspringt — aus der potentiellen Heiligkeit, die in jedem Gläubigen selbst angelegt ist. Diese Feldkapelle erscheint dem Besucher daher auch gar nicht »gebaut«, sondern eher gewachsen, sie erscheint nicht geplant, sondern geworden oder entstanden, vielleicht sogar entsandt. Sie ist ein Zeugnis des Glaubens. Dass die Kapelle einmal dort nicht gewesen sein soll, wirkt ganz unwahrscheinlich. Und dass man zum ersten Mal dort ist, auch. Jedenfalls fungiert sie als eine Art *Grundkurs des Glaubens*, wie ihn ein Mystiker verfasst haben könnte. Hier lässt sich einiges über Architektur erfahren, aber noch viel mehr über die Kraft des spirituellen Christentums, die von den großen Heiligen ausgeht. Bücher allein können das nicht vermitteln, Orte, heilige Orte sind dafür notwendig.

Buddha hatte kein Smartphone

Übernervöse Kinder, lärmende Jugendliche, erschöpfte Arbeitnehmer, orientierungslose Menschen und der Verfall der Sprache — neuen Medien wird oft die Schuld für alles gegeben, woran wir leiden. Ein Nachdenken über die Sündenbockfunktion der Medien scheint nötig.

Mit Problemen, Spannungen oder Konflikten beschäftigen wir uns meist nur, wenn eine schnelle Lösung in Sicht ist. Andernfalls greift ein uralter Mechanismus: Man sucht nach Schuldigen. Vielleicht kann man dem menschlichen Gehirn unterstellen, dass es sich zu gern mit »Beschuldigungsspielen« beschäftigt, wie sie der Psychologe Andreas Knuf beschrieb. Wie alt dieser Vorgang ist, lässt sich in der Bibel nachlesen (Lev. 16, 5 ff.). In einer alttestamentarischen Geschichte wird empfohlen, die Sünden auf einen Ziegenbock zu »übertragen« und diesen in die Wüste zu schicken — umso beides loszuwerden. Zwischen den Untaten und dem Bock existiert zwar kein kausaler Zusammenhang, aber die Vertreibung stabilisiert dennoch die Gemeinschaft, die das Ritual vollzieht. Irgendwas ist immer — und irgendwer ist immer daran schuld. Heute allerdings glauben Menschen oft an die tatsächliche Schuld des Opfers; in der biblischen Variante hingegen wird betont, dass der Bock natürlich nicht die Sünden begangen haben kann, er wird ausgelost. Die Sündenbockfunktion scheint generell eine der Formen zu sein, in der unüberschaubare Komplexität, gegen die man nicht direkt protestieren kann, aushaltbar gemacht wird.

Ein Blick in die Historie zeigt, dass neue Medien oft als Bedrohung galten. Als die Schrift in die Welt kam, beklagten sich die Alten, die Möglichkeit des Aufschreibens führe dazu, dass ein untrainiertes Gedächtnis alles vergesse. Als Romane geschrieben und gedruckt wurden, galt die Lektüre lange als moralisch verwerflich. Die Schallplatte war dann manchem Philosophen nur noch ein Instrument von Kulturindustrie und Massenverdummung. Schaut man in die pädagogischen Lexika der 1950er-Jahre, dann findet man unter dem Stichwort »Jazz« Einträge und Warnungen, die in ihrer Drastik verblüffen — heute hingegen hält man 14-Jährige, die Jazz hören, wohl eher für hochbegabt und bildungsbeflissen. Die Zeiten ändern sich, die Erregung legt sich und die Einsicht macht sich breit, dass (fast) jede Medienform Bildungsmöglichkeiten und Verdummungspotentiale kennt.

Ein Sündenbock der Gegenwart ist fraglos das Smartphone. Wir haben es immer dabei, Menschen sind darin ganz vernarrt und manche sogar davon abhängig. Wann haben Sie das letzte Mal — ohne Unbehagen — 24 Stunden ohne es verbracht? Nun kommt man schnell auf die evident-anekdotische Idee, Zerstreuung, eine kurze Aufmerksamkeitsspanne, ADHS bei Kindern, die Unfähigkeit, die Arbeit loszulassen, Ausgebrannt-sein und allerlei andere Fürchterlichkeiten — all das entstünde durch die Nutzung des Smartphones — vereinfacht gesagt: Steve Jobs sei der Sohn des Teufels gewesen.

Nun sind die Anhaftung, die Zerstreuung des Geistes, Unruhe und Nervosität, ja generell Lebensuntüchtigkeit und Untugenden wie Trägheit, Völlerei, Traurigkeit und Ähnliches schon Thema der Weisheitslehren der Achsenzeit — egal, ob in Buddhas Reden vom Anhaften und der Sprunghaftigkeit des untrainierten Geistes, im Daoismus oder bei Konfuzius, in der antiken Philosophie oder in der Lasterlehre des Christentums. Der untrainierte Geist ist kein Ruhepol, sondern permanenter Unruhestifter. Nicht das Smartphone, unser Kopf verursacht Stress, ist nervös, erfindet permanent Sorgen, malträtiert uns mit Selbstzweifeln und Kritik. Faulheit gab es lange vor dem Fernseher, Gewalttaten vor dem Computerspiel. Da Buddha, Sokrates, Konfuzius und Jesus kein Smartphone hatten, ist es sehr unwahrscheinlich, dass internetbasierte Medien an was-auch-immer schuld sind. Wir könnten uns die Schuldzuweisung einfach abgewöhnen und kämen wahrscheinlich an die Wurzel des Problems.

Damit will ich Risiken neuer Technik nicht vom Tisch wischen. Medien erzeugen Realitäten, die, wenn wir sie unüberlegt oder zu lange teilen, drastische Folgen haben können. Gute wie üble. Wer extrem viel liest, ist sicher in gewisser Weise dissozial — aber wahrscheinlich auch ziemlich gebildet. Wer sich exzessiv Computerspielen hingibt, verändert sich ebenfalls, wenn auch in eine andere Richtung. Aber nehmen wir an, wir würden das Smartphone überlegt zum Sündenbock erklären — dann gehört dazu natürlich ein sehr entscheidender Schritt, damit der Mechanismus seine erlösende Wirkung entfaltet: Wir müssten es in die Wüste schicken! Wenn das Smartphone an etwas schuld ist, dann führt es in hoffnungslose Verstrickung, wenn wir uns zu sehr daran binden. Da es hier weder um Medienschelte noch um generellen Freispruch geht, sind nur dosierte Lösungen ratsam. Religiös oder philosophisch könnte man fordern: Wir brauchen einen »mittleren Weg«. Wir brauchen Offline-Zeiten, Offline-Räume, legitimierten Rückzug und bewusste Nutzung. Der Umgang mit Medien muss trainiert und kultiviert werden, er braucht gesellschaftliche Regeln (die noch fehlen). Medienbildung muss Sogwirkung und Suchtpotential zähmen — aber der Mensch bildet sich, nicht das Smartphone. Nur wer sündigt, braucht einen Sündenbock. Nicht der Sündenbock sündigt, leidet an der Welt, sucht Schuldige — sondern der Mensch.

Nur ein mutiger Blick auf die zeitlosen Laster, die dem Menschen mitgegeben sind, hilft weiter. Unser Geist ruht nicht einfach in sich selbst; Beziehungen sind kompliziert, ja riskant; die Welt ist kein gemütliches Nest und die Gesellschaft kein per se heilsamer Ort, der Heimat bietet. Die Existenz ist verbunden mit einer Vielzahl von Leiden (und auch Freuden). Der Blick in die Geschichtsbücher gibt Auskunft: Die Tür zum Paradies bleibt geschlossen —

wir müssen mit der Misere allein klarkommen. Dabei hilft zwar keine App, aber dennoch können Medien ziemlich nützlich sein. Dieses Paradox gilt es auszuhalten. Und wenn Medien nicht helfen, dann können wir die Fähigkeit erwerben, sie ungesehen und stummgeschaltet aufs Regal zu legen. Dort ruhen sie, in Frieden, bis wir sie aufwecken.

Anonyme Christen / und anonyme Atheisten

Der Theologe Karl Rahner war seiner Zeit voraus. Er sah, um es vereinfacht zu sagen, das amtskirchliche Christentum als Minderheit und betonte die Bedeutung spiritueller, außerkirchlicher Aspekte der Religion. Er tat das in einer Zeit, in der eine politisch zu idealistische, aber kulturell bedeutende Kulturrevolution der 1968er-Jahre den Westen bewohnbar gemacht hatte. Nun fand diese Revolution nur in den Universitätsstädten statt und nur an bestimmten Fakultäten; es war eine mutige Minderheit, aber aus der Sicht von heute prägt sie das Bild der ganzen Generation. Schon auf dem Land fand diese Revolution gar nicht statt und an die Stelle der Sehnsucht nach sozialistischen Diktaturen trat schnell die nach Levis-Jeans, Adidas-Turnschuhen und Rockmusik. Der Dorfpunk war nicht mehr linksradikal, las nicht Karl Marx, sondern hielt sich am Dosenbier fest, hing am Brunnen ab und pflegte eine gewisse Faulheit. Umliegend allerdings existierte eine unspektakuläre christlich-bürgerliche Normalität. Der Blick richtete sich auf die schillernden Subkulturen, aber aus der Sicht geriet, dass über diese ganze Zeit hinweg für die Mehrheit der Kirchgang, zumindest Weihnachts- und

Ostermesse, kirchliche Taufe, Hochzeit und Beerdigung, der Besuch konfessioneller Kindergärten, Schulen, Krankenhäuser, die Teilnahme an Angeboten der Erwachsenen- und Weiterbildung in kirchlicher Trägerschaft, der Besuch kirchlicher Museen, die Bewunderung der Architektur der Kirchen selbst, die ganze Geschichte der christlichen Malerei und Musik die Normalität bestimmt hat. Die Mehrheit im Westen ist eingebettet in eine christlich geprägte Alltagskultur; auch ohne Amtskirche.

Auf Umwegen holt viele ihre Glaubensfähigkeit wieder ein: Sie verehren zum Beispiel den Dalai Lama, idealisieren und adaptieren Elemente der tibetischen, japanischen, indischen oder chinesischen Religion, machen Urlaub im Kloster, essen Delikatessen aus Klostergärten und glauben an die Naturheilkunde Hildegard von Bingens. Der Mensch brauche keine Religion, aber er brauche Spiritualität. Wenn der Dalai Lama das sagt, fühlen sich im Westen viele angesprochen — als Karl Rahner das in anderen Worten vertrat, galt es weniger. Dabei weisen die buddhistischen Meister selbst darauf: »Wenn du Freude an Sitzmeditation hast, so übe dich in Sitzmeditation. Magst du Gehmeditation, übe dich in Gehmeditation. Aber bleibe bei deinen jüdischen, christlichen oder moslemischen Wurzeln. Auf diese Weise trägst du den Geist Buddhas weiter. Bist du von deinen Wurzeln abgeschnitten, kannst du nicht glücklich sein«, schreibt der Zen-Meister Thich Nhat Hanh. Der Hinweis wird aber leider strategisch überhört. So kann heute jeder damit beeindrucken, wenn er mit seinem Zen-Lehrer über die Probleme seines spirituellen

Wegs spricht, aber wer erzählt, er habe das Beichtgespräch in seiner Gemeinde genutzt, erntet schräge Blicke. Ein buddhistisches Retreat wird ganz anders bewertet als die jesuitischen Schweigeexerzitien; vor allem von denen, die die Unterschiede gar nicht kennen.

Karl Rahners vertrat mit seinem Hinweis auf das außerkirchliche, ja sogar »außerchristliche« Christentum eine dem Buddhismus verwandte Haltung: Wer Aspekte der Selbstlosigkeit und Nächstenliebe praktiziert, der bewegt sich auch dann in der Nachfolge Christi, wenn er selbst mit Kirche und Bibel im engeren Sinne gar nichts am Hut hat. Wenn Liebe als Handlung verstanden wird und nicht als salbungsvolles Gerede, dann zählt die Handlung weit mehr als die christliche Rhetorik. Wer barmherzig handelt, der muss schließlich nicht begründen, aus welchen Beweggründen er das tut. Es wird Gott konfessions- und religionsunabhängig gefallen, wenn die Handlungen der Ethik der Bergpredigt entsprechen. Ob die Kraft dazu im Gebet oder im Zazen gewonnen wird, aus der Lektüre Kants oder Schopenhauers, auf daoistischen Wegen oder aus einer schlichten Alltagsorientierung am gesunden Menschenverstand — das wird vor Gott nicht entscheidend sein. Entscheidend könnte sein: Wie hat man gehandelt? Und nicht: Wie hat man das begründet?

Dass auch in den westlichen Angeboten des Yogas, tibetischen Buddhismus oder des Zens viele eher an Wellness und weniger an ernster spiritueller Entwicklung interessiert sind, ist nicht zu übersehen. Gerade der Dalai

Lama hat viele Fans, die sich an wohlklingenden Zitaten erfreuen, die sich prima für einen Facebook-Post eignen und die immer politisch korrekt sind. Gerade der Begriff der *Meditation* wird inzwischen für alles verwendet, was Freude macht — und hat somit mit der Geistesruhemeditation im Lotussitz gar nichts mehr zu tun. Ähnlich im christlichen Glauben: Auch Menschen, die weder beten noch barmherzig handeln, die Feiertage ehren, in die Kirche gehen oder die Bibel lesen, bezeichnen sich als Christen. Sie sind, nimmt man Rahners Begriffsstrategie einmal auf, eher »anonyme Atheisten«. Und gerade die bringen oft als Wutbürger in den letzten Jahren die Angst vor dem Islam, vor »Überfremdung« ins Spiel — schaut man auf die AfD in Deutschland, so versteht sich diese Partei als »christlich«, ohne sich an christlichen Werten zu orientieren. Ein paradoxes Phänomen. Selbst Trump, der permanent gegen das Gebot, man solle nicht lügen, verstößt, der eher den Hass befeuert und selten und nur selektiv die Nächstenliebe, zeigt sich lächelnd mit dem Papst. Auch er ist in diesem Sinne ein »anonymer Atheist«, der sich mit dem Label »Christ« ungerechtfertigter Weise schmückt. Anonyme Atheisten wollen sich meist einfach an einen Mainstream anpassen. Das anonyme Christentum ist eine ermutigende Realität, aber ihm fehlt eine anspruchsvolle Ethik. Reflektierte Denker wie Karl Jaspers, der über den philosophischen Glauben angesichts der Offenbarung nachdachte, sind nicht in Sicht. Dabei entstand auch die Aufklärung aus Denkern, die natürlich christlich geprägt waren (und meist sogar gläubig). Es ist Zeit, eine Theologie für anonyme Christen zu verfassen.

SCHÖNE NEUE WELT

Frauen, bitte / bleibt schön!

Es ist gut, über Genderfragen nachzudenken. Aber warum macht uns das so hässlich und humorlos? Warum blockiert der Genderdiskurs die Freiheit, obwohl die Frauenbewegung ursprünglich für die Emanzipation kämpfte?

Im letzten Jahr konnten Frauen in einer genderbewussten Zeitung die Aufforderung lesen, ihre High Heels wegzuwerfen, sich nicht mehr zu schminken und lieber in Straßenkleidung von Männern zur Arbeit zu gehen. Nur so würden sie fachlich ernst genommen und weniger sexuell belästigt. Der Beitrag hat viele Frauen amüsiert: Weit vorbei ist auch daneben! Unterstellt man unattraktiven Menschen tatsächlich mehr fachliche Kompetenz? Bewerten wir Arbeitsleistungen tatsächlich höher, wenn sie von hässlichen Entlein stammen? So weit wird uns der Genderdiskurs hoffentlich nicht die Köpfe waschen. Viele Gendertexte klingen bieder, aber von welcher Kultur träumen solche Plädoyers für Schmucklosigkeit? Vielleicht ist es immer noch so wie in Simone de Beauvoirs »Das andere Geschlecht«, ein wichtiges, aber leider von Genderfrauen selten zu Ende gelesenes Buch. Am Schluss nämlich äußert die Autorin die Vermutung, der Sozialismus werde die Benachteiligung von Frauen aufheben. Sehnt sich die Genderfrau nach einem Unisex-Dresscode? Männer und Frauen trügen dann graue Kittel, Schuluniformen oder einen Mao-Anzug. Ich möchte in so einer Welt nicht leben, weil ich die Schönheit liebe. Ich liebe schöne Menschen und es ist historisch gesehen eine Bereicherung, dass Männer und Frauen das Recht erkämpft haben, sich attraktiv kleiden zu dürfen: Weil sie es selbst wollen, für sich und für das andere Geschlecht; wie sie es wollen — und nicht, weil eine Religion oder Ideologie es ihnen vorschreibt.

Die Kleidung ist ein Spiel um Macht und Eros. Wir fühlen uns darin wohl, wir senden Signale und wir werden danach beurteilt. Wir können einer Situation damit gerecht werden — etwa Bewerbungsgesprächen oder feierlichen Anlässen — oder gegen sie protestieren. Der Protest ist selten ein Anlass, der Schönheit hervorbringt, ein Rendezvous allerdings schon eher. Und wie kommen einige Frauen nur auf die Idee, attraktiven Geschlechtsgenossinnen zu unterstellen, sie wüssten nicht, was sie tun, sie bedienten nur Männerfantasien, wenn sie sich schönmachen? Männer wie Frauen gewinnen, wenn sie Wert auf Kleidung und Äußeres legen. Das Frauenbild orthodoxer Gendermenschen ist allerdings nicht gerade demokratisch und noch seltener sinnlich geprägt. Stattdessen propagieren sie einen Dresscode der Schmuck- und Geschlechtslosigkeit und eine akademisch-elitäre, zugleich biedere Intoleranz. »Es gibt keine hässlichen Frauen. Nur faule.«

Das Zitat von Coco Chanel wird von ihnen in unguter Weise verdreht: Frauen, die sich attraktiv kleiden, sind plötzlich Verräterinnen, werden nicht ernstgenommen oder ihre Intelligenz wird in Frage gestellt. Ausgerechnet Frauen werten die ästhetische und emotionale Intelligenz anderer Frauen ab, wobei sie zugleich die Einseitigkeiten des »Männlich-Rationalen« kritisieren. Männern wird unterstellt, Frauen nach ihrem Äußeren zu beurteilen oder sie eigentlich immer nackt zu sehen. Aber weder Männer noch Frauen agieren so eindimensional; dahinter steckt ein antiquiertes Menschenbild. Unbewusst mag es hier auch um Neid gehen. Frauen, die klug sind und schön, sind zwar beliebt, aber für manche eine Provokation. Ich habe das im Universitätskontext oft erfahren: Die Kolleginnen, die nicht in Jeans und alten Turnschuhen ins Büro kamen, wurden zwar von den Männern, aber nicht mehr von Schlabberpulli-Frauen angemessen behandelt. Die Komplimente sind dann kein erfreulicher Anlass mehr, sondern das Todesurteil gegenüber den Kolleginnen. Aber darf man einander nicht mehr sagen, wenn man sich schön findet? Die Kunst, Komplimente zu machen, ist nicht der Werkzeugkasten sexueller Belästigung.

Darf man nur noch formdesinteressiert auftreten, sind wir nur noch rationale Automaten, die sich auf der Sachebene koppeln? Sind Menschen sich schon so fern, dass wir ihren Körper, ihren Stil, ihre Schönheit totschweigen müssen?

Unsere Sprache und unsere Traditionen prägen und deuten, was wir unter Männern und Frauen verstehen. Sie beeinflussen auch, was wir anziehend und schön finden. Aber im tieferen Sinn hat jeder ein Interesse an Schönheit: Sie rettet die Welt, sie ist heilsam, sie befriedigt Begierden, sie weckt Lebensgeister und beruhigt zugleich. Wahre Schönheit ist ein heilsamer Genuss. Sich dieser Dimension hinzugeben, spricht für Sensibilität und Feinsinn, für Stilbewusstsein und Liebe zur Form. Ich freue mich über jeden attraktiv gekleideten Mann, warum nicht über jede schöne Frau?

Wer das Spiel der Attraktivität nur noch unter dem Straftatbestand der Belästigung betrachtet, der kann kein gutes Leben mehr führen. Er läuft durch eine vergiftete Welt, in der Frauen und Männer nur noch Übles voneinander denken und wollen — dabei könnten sie stattdessen auch besseren Sex haben. Die Welt ist zum Glück immer noch nicht so düster, dass die Schönheit chancenlos bliebe: Wer die Frauen, die Schönheit, die Inszenierung liebt, der kommuniziert häufig voller Wertschätzung, macht Komplimente und hat Zugang zu einer endlosen Quelle der Freude. Er hat, auch das gehört zur Schönheit, gute Manieren, damit sie bleibt. Die Welt ist ohne unser Zutun voller Leid, aber auch im tristesten Grau und kältesten Nieselregen können wir durch Attraktivität eine schönere Atmosphäre schaffen. Die schadet nicht der Arbeit, sondern macht sie leichtgängiger. In Serien wie *Mad Men* oder *Boston Legal,* bei Sängerinnen wie Beyoncé oder Lana del Rey himmeln wir den guten Stil an; nur im realen Arbeitsleben wird er zur Gefahr. Im Genderdiskurs werden gerade für Frauen viele Verbotstafeln aufgestellt, als könnten sie nicht selbstbestimmt agieren. Sei es das soziale Engagement oder die Neigung, seine Schönheit zu zeigen — über beides spotten viele Feministinnen. Aber als Model zu arbeiten, seine nackte Schönheit gern zu zeigen, das wird heute von einigen Frauen schärfer verurteilt als von der Kirche. Als Aktmodell zu arbeiten, erscheint ihnen dann nicht mehr als Beruf oder stolze, selbstbestimmte Präsentation der Schönheit, sondern als Verrat. Aber woran? Sexy zu sein, ist kein Verbrechen, sondern eine Entscheidung.

Das betrifft Männer, die sich in der Regel schlechter kleiden als Frauen und weniger auf ihren Körper achten. Und es betrifft Frauen, die wir nicht dafür kritisieren sollten, dass sie gut aussehen. Die Leistungen von Menschen werden nicht schlechter, weil sie Wert auf gute Kleidung legen und weil sie sexy aussehen; die Haar- oder Hautfarbe korreliert nicht mit der Intelligenz — die meisten Vorurteile sind grundlegend falsch. Allerdings wird das Selbstwertgefühl besser, wenn wir uns gut kleiden. Und das fördert die Motivation und Leistung. Es ist seltsam, dass Frauen in einer Welt, in der Ästhetik eine immer wichtigere Rolle spielt, sich plötzlich für ihre Schönheit rechtfertigen oder gar entschuldigen sollen. High Heels, Netzstrumpfhosen, Ohrringe, Nagellack, Lippenstift und schöne Kleider sind keine Folterinstrumente. Sie sind, am richtigen Ort und zum richtigen Anlass, eine der schönsten kulturellen Spielarten von »Gender«! Die Aktfotografie ist nicht das Tor zur Hölle, sondern eine hohe erotische Kunst. Ich hoffe sehr, dass das so bleibt.

Die Botschaft der Popmusik

»Ich glaube, es ist Gottes Wille, dass ich zufrieden, ja sogar glücklich bin. Und ich weiß aus Erfahrung, dass mein Glück am vollkommensten ist, wenn ich Gott am nächsten bin. Es ist also kein Wunder, dass ich so gerne die Bibel studiere. Es ist eine der Möglichkeiten, wie ich zur Quelle gelange.«

Dieses Bekenntnis findet sich in der Autobiographie von Johnny Cash. Schon Mitte der 1950er-Jahre beginnt die Karriere des Musikers, der als unkonventioneller Country-Sänger begann, der heute aber von Künstlern nahezu aller Genres verehrt wird. Als er starb, erwiesen alle ihm seine Reverenz, seien es Rockmusiker oder Hip-Hop-Stars, Staatsmänner oder einfache Arbeiter. Sein Leben weist all das auf, was an der Popmusik beängstigt hat: Untreue und Drogenmissbrauch, zerstörerisches Verhalten, Ruhm und Scheitern. Cash wuchs christlich auf, hatte in einer Zwischenphase ein sündhaftes Leben, das schlechte Gewissen darüber wurde er aber nie los. Andere ließen auch in seinen schlimmsten Lebensphasen die Tür immer einen Spalt offen.

Schließlich kam er in seiner schwersten Lebenskrise zu der Erkenntnis, dass Gott will, dass er lebt und wieder zum guten Leben zurückfindet. Seine zweite Frau, wie die erste ebenfalls Christin, bewegte ihn wieder zum Kirchgang. Als Cash in seiner Fanpost zahlreiche Briefe von Männern erhielt, die in Haftanstalten saßen, kam er auf die Idee, für die Verbrecher und Sünder zu singen, sogar in einem Gefängnis ein Livealbum aufzunehmen. Die Plattenbosse waren von der Idee entsetzt. Sie wiesen ihn darauf hin, dass seine Fans Christen, treue Kirchgänger seien — und dieses Milieu wolle bestimmt nicht, dass er für Vergewaltiger und Mörder sänge. Johnny Cash aber nahm sein Christentum ernst, er wusste um die klare Aufforderung zu den Werken der Barmherzigkeit; eins davon sieht die praktizierte Nächstenliebe in der Aufgabe erfüllt, *Gefangene zu besuchen*. Christen sollen sich zurückhalten mit dem Verurteilen, die Menschen sind keine Götter, ihre Urteile und ihr Verhalten sind fehlbar. Im Spielfilm über das Leben von Cash wird die Situation prägnant in Szene gesetzt. Cash erwidert auf die Bedenken der Manager: »Dann sind es keine Christen!«. Sein Gefängniskonzert ist eines der großartigsten Alben der Musikgeschichte — und ein großer christlicher Moment. Es ist für die Kirche immer wichtig gewesen, dass unabhängige Künstler den Glauben neu ausdeuten und sich für die Konflikte, die dadurch entstehen, hergaben. Leo Tolstoi oder Fjodor Dostojewski waren von diesem Schlag, Sören Kierkegaard, dann die Gründer der großen Orden, aber eben auch Bob Dylan, Johnny Cash oder die Beatles.

Die Popmusik hat oft eine Mission, die inspiriert ist von einem Christentum, wie es die Bergpredigt vermittelt. In der Popkultur war das offene Bekenntnis, wie wir es bei Johnny Cash finden, eher selten. Mit dem Protest gegen eine enge Bürgerlichkeit war auch die Ablehnung eines frömmelnden Christentums verbunden — weder Hippies noch Punks waren Kirchgänger. Aber waren sie deshalb gleich Atheisten? Ich glaube nicht. Wer sich mit den Großen der Popmusik beschäftigt, mit Bruce Springsteen oder Bob Dylan, mit den Beatles oder Patti Smith, der trifft auf Menschen, die *eine Mission haben*. Cash wendete sich in einer Zeit wieder dem Glauben zu, als die Mitglieder der Beatles in England noch als Messdiener ihren Dienst tun. Auch die *Fab Four* wuchsen christlich auf und waren religiös geprägt. Wie viele andere auch. Vielleicht könnte man so weit gehen und behaupten: Man kann die Popkultur, die ab Mitte der 1960er-Jahre die westliche Welt revolutioniert, gar nicht verstehen, wenn man ihre Glaubensbekenntnisse nicht in einen christlichen Rahmen einordnet. Man kann ohne Religion leben, aber nicht ohne Spiritualität — darauf weist der Dalai Lama immer wieder hin. Und diese Spiritualität, die sich in vielen Bereichen der Popmusik gar nicht wegdenken lässt, ist eine von der christlichen Tradition geprägte. Von welcher auch sonst? Einige wenden sich in den späten 1960ern den indischen oder japanischen Meistern zu, sie finden über diesen Umweg wieder zu religiösen Praktiken. Leonard Cohen war Zen-Praktizierender, Nina Hagen trat, nach einer Zeit mit indischen Lehren, wieder in die evangelische Kirche ein.

Auch die Beatles waren eine Zeit lang von einem indischen Guru beeindruckt, mussten aber dessen Doppelmoral erkennen und wandten sich wieder von ihm ab. Die Beatles waren eine der ersten Bands, die ihre Hörer ansprachen und eine Botschaft der Liebe verbreiten wollten. Das ist mehr als reine Unterhaltung. John Lennon hat trotz der Konflikte um einige seiner Aussagen betont, er sei weder Atheist noch habe er etwas gegen das Christentum. »Ich behaupte nicht, ein praktizierender Christ zu sein, obwohl ich denke, dass Christus war, was er war, und wenn jemand etwas Großartiges über ihn sagt, dann glaube ich das«, meinte er. Die Popmusiker hatten allerdings immer etwas gegen einseitig ausgelegte Morallehren und kirchliche Dogmen, in denen mit zweierlei Maß gemessen wurde. George Harrison meinte 1966, ihn störe, dass 99 % der Leute nur in den Gottesdienst gingen, weil sie glaubten, sonst kriege Gott sie am Kragen. Wenn der Kirchgang nur zur Geste der Anpassung oder aus einer Angst heraus geschieht — ist das noch die Religion der Liebe? »All you need is love« könnte man dem entgegenhalten, und es ist nicht ganz so wichtig, ob sich die Nächstenliebe im sakralen oder profanen Raum ausbreitet. Paul McCartney hat sein ganzes Leben für die Rechte der Tiere — für die *Ehrfurcht vor der Kreatur*, wie Albert Schweitzer es nannte, gekämpft. Bob Dylan hat eines seiner späten Alben gleich »Tempest« betitelt. Es kommt vielleicht weniger auf die Benennung an, sondern eher auf die Tat. Nächstenliebe ist kein Gefühl, sondern ein Handlungstyp, eine Lebenspraxis. Der Theologe Karl Rahner hat ein provozierendes Wort geprägt, um das christliche Handeln außerhalb der »Vereinsmitgliedschaft« der Kirche zu beschreiben: Er meinte, es gebe viele »anonyme Christen«. Die Popmusikgeschichte ist voll von ihnen. Es ist nicht so wichtig, ob man die christliche Terminologie nutzt, wenn man die Botschaft der Nächstenliebe verbreitet. Man kann sich offen, wie Bob Dylan, Nick Cave oder Johnny Cash zur Bibel bekennen, oder man kann auf wohldosierter Distanz bleiben. Auf die Botschaft kommt es an, auf deren Inhalt — die Formen sind so vielfältig wie die Musikstile.

Kühle / Überlegenheit

Die amerikanische Kultur hat weltweiten Einfluss, aber zur Zeit nicht gerade heilsamen. Sie selbst enthält allerdings mit dem Jazz ein wirksames Gegengift: Wer den Swing im Blut hat, marschiert nicht im Gleichschritt mit Trump und Konsorten.

Es ist einiges los in dem Land, das die europäische Kultur der letzten 100 Jahre maßgeblich beeinflusst hat. Seit über einem Jahr kommen ungewohnt nationalistische Töne, Attacken gegen die Werte der Moderne, es kommen Hass und Lügen aus dem Weißen Haus. Das Verhältnis zum freiesten Land der Erde ist derzeit empfindlich gestört. Walt Disney, Fastfood und der Jazz sind die historischen Beiträge, die Europa verändert haben. Und zumindest der Jazz enthält ein Mittel gegen die traurige Gegenwart. Er kommt nämlich noch aus schlimmeren Zeiten. Jazz ist auch — nicht nur — eine kreative Antwort auf die lange Geschichte des Rassismus. Natürlich können nicht nur Schwarze, sondern jeder Blues, Soul, Jazz und Hip-Hop einspielen. Aber in der Summe bleiben diese Traditionen doch afro-amerikanische Schöpfungen, die später oft von weißen Männern kommerzialisiert und ausgebeutet wurden. Schwarze erfanden Blues, Jazz, Soul und Rock'n'Roll — und weiße, epigonale Musiker und Plattenlabels wurden damit steinreich. So sah es Miles Davis und in seiner Autobiographie gibt er immer wieder Beispiele dafür. Die These mag umstritten sein, aber die Beweislast ist doch erdrückend. Nun war gerade der Jazz eine gesellschaftlich nicht anerkannte Musik, die Frühzeit des Ragtime vielleicht ausgenommen. Es war »race music«, die auf das Klischee eines aus dem Schmerz geborenen Hilfeschreies festgelegt wurde, an dem sich wohlhabende Bürger ergötzten. Dabei ist das nur eine Teilwahrheit. Miles Davis wehrte sich während seines Musikstudiums gegen diese Vorurteile; einer (weißen) Dozentin hielt er entgegen, dass er selbst als Zahnarztsohn nie ein Baumwollfeld gesehen habe, seine Eltern wohlhabend und gebildet seien und sein Verhältnis zum Blues eben nicht diesem alten Klischee entspreche. Während für die weißen Musiker der Jazz eine Abstiegsoption bot, der Abstieg ins wilde Leben der Avantgarde, so bot er Schwarzen eine der wenigen Aufstiegsoptionen — besser in einer Tanzkapelle spielen als lebenslang niedere Sklavenjobs ausführen. Aber was Jazzmusiker spielten, das folgte spätestens seit den 1940er-Jahren dem (späteren) Diktum der großen Nina Simone: »Die Pflicht eines Künstlers ist es, die Zeiten zu reflektieren.«

Jazz ist bis heute die unkommerziellste Musik auf dem Markt. Sie blieb immer etwas für Menschen, die zu Konzerten in zwielichtige Bars gingen, die anders lebten und sich nicht am Massengeschmack orientierten. Erstaunlicherweise ist ein Begriff dieser Musik, die eher einer Lebenseinstellung gleichkommt, in der Alltagssprache angekommen: die »Coolness«. Miles Davis steht archetypisch für diese Haltung, sogar eins seiner Alben wurde in den 1950er-Jahren danach benannt: »The Birth of the Cool.« Es ist auch für Hörer, die mit dem Jazz fremdeln, eine gangbare Richtung. Eine eher durchkomponierte und sich weniger in aggressiven Improvisationen verlierende Musik, sie ist langsamer und lässiger, sie wirkt leicht unterkühlt und meidet Pathos und Extreme. Miles Davis wollte von der Bezeichnung »Jazz« nichts hören, er bevorzugte den Begriff der »Social Music«. Eine kluge Neubenennung, die zum einen auf das Zusammenspiel der Akteure auf der Bühne anspielt, zum anderen aber auf die gemeinschaftliche, soziale Dimension der Musik generell. Sie ist nicht unabhängig von den Zeitläufen entstanden, gerade der Cool-Jazz stammt aus Zeiten, in denen Schwarze unter offenem Rassismus zu leiden hatten. Miles Davis selbst wurde in einer Konzertpause, in der er vor einem Club stand, von weißen Polizisten verprügelt und eine Nacht ins Gefängnis geworfen, nur weil er scheinbar im Weg stand. Wie umgehen mit einer Wut, die rassistisches Unrecht erzeugt? Eine Antwort der *black music* ist verblüffend und einzigartig, sie ist emphatisch ausgedrückt sogar christlich oder zumindest tief spirituell: mit überlegener Gelassenheit. Die Haltung der Coolness unterbricht das Drama der sich aufschaukelnden destruktiven Emotionen, sie schaut lässig herab auf den rasenden Hass, sie macht klar: Ihr steckt mich nicht an, Euer Hass gehört Euch, behaltet ihn. Gefühlskontrolle, Schlagfertigkeit, also ein hellwacher Geist, eine gewisse produktive Zerrissenheit, die Freiheit von Konventionen sind der Coolness zu eigen. Es ist eine Haltung, an der man arbeiten muss. Der Stil, Formbewusstsein spielen die entscheidende Rolle: die des Auftritts, der Kleidung, der Sprache und schließlich handwerklicher Überlegenheit. Dies alles erfordert lange Übungszeiten: Lässig ist nur der, der quasi selbstverständlich, aus dem Ärmel heraus reagieren, spielen, agieren kann. Schlagfertig ist nur der, der wacher und aufmerksamer ist als sein Gegenüber. Auf den Hass nicht mit Hass zu reagieren, sondern mit kühler und gesunder Ignoranz, macht Jazz zu mehr als nur einem musikalischen Ereignis. Er wird zur Lebensmaxime, zur »philosophy of life«.

Die Coolness, der Jazz insgesamt und der ihm zugrundeliegende Swing sind eng verbunden mit einer lebensbejahenden Neigung zur Schönheit. Miles Davis ging es, nach eigener Aussage, immer um Stil, sei es im Leben oder in der Musik. Er liebte schöne Frauen, schöne Autos und schöne Kleidung. Die Schönheit hat, nicht nur aus der Perspektive des Jazz, eine rettende, ja heilende Kraft. Die Schönheit könne die Welt retten, dies sagt auch in Dostojewskis Meisterwerk »Der Idiot« der an Heiligkeit grenzende Protagonist Fürst Myschkin. (Sie finden diese Passage in der Übersetzung von Swetlana Geier im Fischer Verlag auf S. 553 f.). Gelassen zu bleiben, schlagfertig, aber friedlich zu sein, einer ruhigen, lässigen Komposition zu folgen, dies ist nicht nur seelisch heilsam, sondern es entfaltet tatsächlich eine eigene Form der Schönheit. Die fällt einem nicht in den Schoß, an der dafür nötigen Seelenruhe und Geistesklarheit muss man permanent arbeiten. Bescheid zu wissen, seine Wut zu kennen, aber sich ihr niemals hinzugeben, lesend die eigene Klugheit zu fördern, dies alles ist ein Lebensprogramm. Aber es erzeugt harmonische Klänge, emotional überlegene Musik. Eine Schallplatte von Miles Davis aufzulegen, ist daher tatsächlich ein Mittel, um dem aufflammenden Hass zu widerstehen. Es ist eben Social Music!

Über Geld / spricht man (nicht)

In der heutigen Gesellschaft unterscheiden sich die Menschen vor allem durch ihren Kontostand. Es gibt Arme, Reiche und in den Mittelstandsgesellschaften Gott sei Dank sehr viele dazwischen. Über Geld zu sprechen, bleibt aber schwer. Warum?

Wenn Geld die Hauptrolle im Leben spielt, dann ist etwas schiefgelaufen. Entweder hat man davon zu viel oder zu wenig: Jeder Gedanke an den Kontostand wird zur Qual, zum Gewissenskonflikt. Bei zu wenig Geld: Jede Unternehmung wird nur daran gemessen, ob sie überhaupt finanzierbar ist. Ein Besuch im Zoo, Schwimmbad, Museum oder Konzert — nein, zu teuer! Warum Geld über das Materielle hinaus überhaupt zu einem moralisch quälenden Gefühl werden konnte, dazu müsste man im Lutherjahr mit den Theologen kritisch ins Gericht gehen. Jedenfalls ist das Christentum nicht ganz unschuldig. Der Geldmangel wird, alles andere als logisch oder rational, als eine Art Sünde gefühlt. Und das, obwohl keine Religion die Armut mehr preist als das Christentum — in dessen Kulturraum die sündhaft reiche Welt entstanden ist.

Geld ist eine Paradoxie, nicht allein deshalb, weil es, hat man davon sehr viel, von allein mehr wird.

Auch wer zu viel Geld hat, scheint seelisch zu verlieren. Schaut man sich die Fotos der goldenen Trump-Tower an oder die seiner Privatwohnung, dann ist eine gewisse Psychopathologie nicht zu übersehen. Betrachtet man exemplarisch Trumps Menschenbild, dann wird klar: Viel Geld bedeutet leider nicht, freigiebig zu werden. Geld führt nicht zwangsläuftig zur Freigiebigkeit. Leider sind es häufig die wohlhabenden Kunden, die Rechnungen nicht zahlen und »knausrig« sind. Auch die Glücksforschung deutet darauf hin: Viel Geld macht nicht glücklich. Manche Inhaber der Villen in den Beverly Hills speisen ihr ganzes Unglück aus der Tatsache, dass das Haus des Nachbarn zwei Meter näher am Meer gebaut wurde — Geiz und Neid sind derart destruktive Emotionen, dass sie den Charakter und die Welt zerstören.

So betrachtet, sollten sich also die glücklich schätzen, die den Extremen in Bezug auf Geld aus dem Weg gehen. Viele erarbeiten sich selbst ihr Eigentum, erreichen durch Fleiß einen gewissen Lebensstandard, Zeitwohlstand und finanzieren den Kindern eine solide Ausbildung. Zumindest psychologisch gesehen sind diese Menschen glücklicher und kreativer als die »ganz unten« oder »ganz oben«. In welchem Zusammenhang die Kreativität mit Geld steht, darüber lässt sich eine eigene Problemgeschichte erzählen. Nimmt man die Künstler, egal in welchem Bereich, dann verzerren sehr wenige extrem Reiche das normale finanzielle Desaster des gewöhnlichen Lebens als Musiker, Autor, Maler oder Filmemacher. Die sind froh, wenn sie überhaupt den Lebensunterhalt mit einer »brotlosen Kunst« sichern können. Realistisch gesehen ist die Entscheidung für ein kreatives Leben meist eine Entscheidung gegen den Wohlstand. Der kann natürlich auch kommen, aber zum Beispiel für Musiker kann er ganz schnell auch wieder verschwinden, wenn der Markterfolg ausbleibt. Geld hat in dem Moment den besten Einfluss, in dem man nicht mehr darüber nachdenken muss! Kreativen stellt sich die Frage, wie abhängig man vom Geld werden will. Muss die Kunst sogar die Grundsicherung erwirtschaften? Meist ist es sinnvoll, die kreative Arbeit davon zu trennen — so dass man darin frei und nicht zu marktabhängig wird. Schöpferisch tätig sein zu können, ist etwas ganz anderes als die Fähigkeit, Märkte zu bedienen.

Fatal ist die Ideologie, Geld habe keine Bedeutung. Das wird immer wieder gern gesagt, vor allem von denen, die viel davon haben. Würden sie allerdings ohne auskommen müssen, würde sich der Mythos schnell entzaubern. Wir brauchen alle Geld. Was nicht jeder braucht, ist Luxus. Allerdings sind die, die meinen, sie seien von Statussymbolen und Prestige unabhängig, selten die wirklichen Asketen. Wir lästern zwar gern über die Statussymbole anderer Milieus, übersehen aber, dass die Blase, in der wir selbst leben, natürlich auch prestigeträchtigen Konsum kennt.

Mit Geld ist, auch wenn wir es uns selten eingestehen, Anerkennung verbunden. Unangenehm sind jedoch

Menschen, die glauben, viel Geld sei per se ein Zeichen von Erfolg, Glück oder Anerkennung — womit man sein Geld macht, hat durchaus damit zu tun, ob man darauf stolz sein sollte. Es gibt eine ganze Gattung US-amerikanischer Romane und Filme, die den unmoralischen Banker beschreiben, dessen Karriere in der Sackgasse endet, wo ihm klar wird, wie armselig sein Leben und sein Reichtum sind. Ebenso gilt umgekehrt: Reichtum an sich ist nichts Unmoralisches, sondern *kann* Zeichen von Ehrgeiz, Klugheit und Erfolg sein. Mir gingen die Augen auf, als ich las, dass Mozart verarmt gestorben ist. Wenn ein Genie, der Begriff sei hier erlaubt, so stirbt, dann mahnt das zur Zurückhaltung. Die Entscheidung fürs kreative Leben wird nicht aufgenötigt, man trifft sie aus freien Stücken und oft auch gegen den Widerstand in der eigenen Familie. Entkoppelt man sein Schöpfertum vom Geld, zumindest in Bezug auf die Grundsicherung, gehört sie zu den schönsten und heilsamsten Lebensformen.

Wir brauchen mehr offene, ehrliche Gespräche über die Bedeutung von Geld. Das darüber gelegte Tabu rückt ein existenzielles Thema in den Intimbereich. Das Leiden und die Leidenschaft anderer, die Umgangsweisen und Strategien anderer — wenn wir sie offensiver austauschen, könnte das heilsam wirken. Es wird nicht so viel Neid wecken, wie manche glauben. Es kann entlasten zu hören, dass jeder, in welcher Form auch immer, unter Ansprüchen, Erwartungen und abweichenden Tatsachen leidet — unabhängig von der Einkommenshöhe. Mit den Geldsorgen, ob tatsächlichen oder eingebildeten, liegen zu viele Menschen allein nachts wach. Wir müssen aber einstweilen mit dem Geld leben, so scheint es. Der wunderbare Peter Kurzeck gibt in einem autobiographischen Roman darüber Auskunft: »Was für eine Niederlage, dass es uns nicht gelungen ist, das Geld abzuschaffen! Noch nicht mal das geschafft! Aber haben auch keine Ersparnisse …«

Die schöne / neue Arbeitswelt

Unsere Arbeitswelt verändert sich, aber das ist weder eine Neuigkeit noch Grund zu großer Sorge. Ein Blick in die Geschichte der Arbeit zeigt: Niemals blieb die Form, in der Menschen ihren Lebensunterhalt sicherten, gleich. Veränderung ist der Normalzustand. Der Wunsch nach Kontinuität in einer nichtkontinuierlichen Welt kann viel Unglück erzeugen, aber er basiert auf falschen Erwartungen. Gegenüber Veränderungen kann man zwei Fehlhaltungen einnehmen: Das Neue wird entweder maßlos idealisiert und als Eintritt ins Paradies begrüßt oder es wird als Untergang der Kultur interpretiert. Meist liegt die Wahrheit dazwischen. Die Dinge ändern sich, dies hat Vor- und Nachteile zugleich. Die Fähigkeit, sich mit Neuem anzufreunden, bedarf einer gewissen Offenheit, es hingegen generell zu verteufeln, zeugt von uneingestandener Angst.

Begriffe wie »Vollbeschäftigung« oder »Vollzeittätigkeit« suggerieren, jeder andere Zustand sei etwas Unvollständiges, ein Defizit. Was den Einzelnen betrifft: Eine über die Lebensspanne andauernde Vollzeittätigkeit in einem

Betrieb wird es nicht mehr geben; was früher Normalität war, ist heute eine Ausnahme. Man hat nicht nur einen Beruf, sondern vielleicht drei, man arbeitet nicht nur für ein Unternehmen, sondern für verschiedene (und wechselt den Wohnort), man hat nicht nur eine Arbeitsstelle, sondern vielleicht zwei oder sogar drei; man ist nicht zwingend Vollzeitangestellter, sondern arbeitet in Teilzeit und ist zudem noch selbstständig tätig, ehrenamtlich oder familiär stark eingebunden. Das führt zu einer Unübersichtlichkeit, die in Gesprächen zum Problem werden kann.

»Womit verdienst du dein Geld?« Man hat das Bedürfnis, darauf eine klare, eindeutige, vielleicht sogar prestigeträchtige Antwort geben zu können.

Ich bin Pfarrer, Arzt, Apotheker, Schuhmacher oder Anwalt. Aber immer weniger können — und vielleicht sogar: wollen — darauf die gängigen Antworten geben. (Meine Eltern verstehen bis heute kaum, was meinen Beruf ausmacht.) Die uneindeutigen Antworten, an denen man selbst sporadisch leidet, sind aber nicht falsch! Sie sind kein Zeichen zunehmender Ausbeutung oder Armut, großer Unsicherheit oder unüberschaubarer Risiken. Sie sind nicht der Untergang von Tugend und Leistungsstreben. Es gibt das alles: Menschen, die unüblich viel und unterbezahlt arbeiten müssen und doch auf keinen grünen Zweig kommen. Eine Familie ist heute mit einer arbeitenden Person nicht mehr zu ernähren, die Rente ist keineswegs sicher, und auch die Behandlung beim Arzt ist nicht mehr einfach kostenlos. Im Land der größten Freiheit und größten Ungleichheit, den USA, zerreißen sich Menschen zwischen drei Jobs und müssen dennoch am Essen sparen. Aber solche Zustände herrschen im wohlhabenden deutschsprachigen Raum nicht.

Heute haben Arbeitnehmer vielleicht zum ersten Mal in der Geschichte die Wahl zu entscheiden, welchem Arbeitsmodell sie folgen. Jeder mit normalem Schulabschluss in der Tasche kann, wenn er die Landessprache beherrscht, sich auf den Weg machen, um Gärtner, Friseur, Apotheker, Anwalt oder Pfarrer zu werden. Aber viele wollen das gar nicht (mehr), viele sehen ihr Glück gar nicht im Geld oder eindeutig geregelten Arbeitsleben. Sie favorisieren Zeitwohlstand, Vielseitigkeit und ein offeneres Leben. Mit dieser Orientierung sind sie nicht besser, aber auch nicht schlechter als alle anderen. Es gibt Menschen, die sind von den gängigen Prestigesymbolen unabhängig, wählen eine Teilzeitbeschäftigung, leben sparsam, aber sinnerfüllt, haben viel Freizeit und widmen sich Dingen, die nicht mit dem Geldverdienen zu tun haben. Die Lebensform vieler Kreativer, seien es Musiker, Autoren, Illustratoren oder Künstler, setzt sich aus Brotjob und freier Tätigkeit zusammen — und das kann hochgradig befriedigend sein. Man muss sich klar darüber werden, dass man auf diesem Weg niemals reich wird; aber sieht man einige Superreiche, dann lässt sich nüchtern feststellen: So will man niemals werden!

Hassprediger wie Donald Trump, der in einem goldenen Hochhaus residiert, nötigen uns eine ganz alte Weisheit auf: Geld kann den Charakter verderben. Die Welt ist kein Unternehmen und Unternehmer sind mehr als Gewinnmaximierer. Wer nicht so sehr nach Reichtum strebt, der kann heute sehr schnell sehr zufrieden sein. Die Grundbedürfnisse sind schnell und leicht gedeckt; die Lebensform wird seltener moralisch bewertet. Die heutige Gesellschaft bietet so große Freiheiten wie nie, und es gibt inzwischen eine Klasse von Leuten, die diese Freiheiten nutzt, ohne laufend zu klagen. Umwege erhöhen die Ortskenntnis — daher haben Studierende, die sich Geld dazuverdient haben, oft am Ende des Studiums mehr Erfahrung, mehr Reife und bessere Chancen. Was als Nachteil ausgelegt wird, kann ein großer Vorteil sein: Stressresistenz, bessere Selbstorganisationsfähigkeit, Umgang mit Vorgesetzten und Kollegen, die Unabhängigkeit durch das selbstverdiente Geld — das alles ist kein Fluch, sondern ein Lernprozess. Und auch Künstler, die nebenbei andere gesellschaftliche Bereiche durch ihre Arbeit kennenlernen, wissen mehr über das Leben als die, für die die Welt ein Atelier ist. Die Unsicherheit auszuhalten, ist eine Belastung, gerade, wenn man auf absolute Sicherheit hin sozialisiert wurde — aber die Werte der Groß(Eltern) sind für die moderne Arbeitsgesellschaft nicht immer geeignet. Man bekommt nicht die Anerkennung der Eltern, wenn man sich durchs Arbeitsleben puzzelt — aber man ist im besten Falle *frei* und *selbstbestimmt*. Hauptsache glücklich, vielleicht ist das eine nötige Maxime. Sich nicht allen Zwängen zu fügen, nur weil man dafür Geld bekommt, kann eine Stärke sein. Zumindest für die, die hart arbeiten können und sich für nichts zu schade sind, hält diese neue Arbeitswelt mehr

Chancen bereit als Risiken. Sein Einkommen zu erwirtschaften, das gleicht heute einer Kunst — früher war es an Herkunft und Schicksal gebunden. Ich halte das für einen Fortschritt.

Ode an den Alkohol

In der Serie *Mad Men* sehen wir echte Playboys, schöne Frauen und guten Stil. Die Männer in Anzug und weißem Hemd, die Frauen in Kostüm oder Kleid, Lippenstift. Echte Männerschuhe statt Sneaker, High Heels statt Ballerinas, filterlose Zigaretten, Zigarre und Pfeife; am Ende des Tages der Scotch in einer schönen Bar. Wir gewinnen Einblick in die Arbeitswelt der 1960er Jahre, es ist noch Leben im Büro. Keiner musste twittern oder soziale Netzwerke pflegen, das *girl next door* ist noch näher und anziehender als Tinder. Trotz höherer Arbeitszeiten und weniger Urlaub gab es keinen »Burnout«. Das ist, arbeitspsychologisch gesehen, doch erstaunlich: Warum werden die Arbeitszeiten geringer, aber die psychischen Krankheiten nehmen zu?

Ein älterer Herr, pensionierter Jurist, erzählte mir einmal nach einer Lesung, von montags 8 Uhr bis samstags 14 Uhr sei die gewöhnliche Arbeitszeit gewesen, aber weder er noch seine Kollegen hätten gedacht, sie hätten zu wenig Zeit. Er habe sein Pfeifchen gehabt, liebe Kollegen und er verstehe die heutige Hetze und Klage gar nicht. In den

1950er- bis in die 1980er Jahre gab es eine ganz andere Arbeitskultur. Die war in manchen Aspekten unfreier, aber bei genauerem Blick war sie vielleicht lebensbejahender als die heutige. Sie war vielleicht auch insgesamt gesünder, zumindest für die »white-collar worker«. Es ist nämlich weniger wichtig, ob man 35 oder 55 Stunden Dienst schiebt, es ist entscheidend, *was* innerhalb dieser Zeit geschieht. 35 Arbeitsstunden Leidenszeit sind belastender als 55 Stunden in guter Atmosphäre. Aber was bestimmt eine gute Atmosphäre?

Für die *Mad Men* gab es keine 35-Stunden-Woche. Es gab aber auch keinen Tag, in dem nicht mit dem Eintritt ins Büro geraucht, Kaffee und ab mittags auch Alkohol getrunken wurde. Da man noch nicht in Großraumbüros den kontrollierenden Blicken anderer ausgesetzt war, standen in den Büros natürlich Sofas und die Schreibtische hatten noch eine Stabilität, die zwei Personen trug. Es wird an Sex gedacht, diese Arbeitswelt ist in ihrer Atmosphäre noch nicht transparent und zwanghaft, sondern sporadisch anzüglich. Dadurch wird das Büro nicht zum Playboy-Mansion, aber es war eben auch kein Kloster. Und das wirft insgesamt eine provozierende Frage auf: Macht uns heute die Askese im Büro, die zu strikte Abwesenheit von Alkohol, Nikotin und Sex am Arbeitsplatz krank? Waren sie nicht das ideale Schmiermittel in einer Welt, in der sehr viel und lange gearbeitet wurde? Wer einen Großteil seines Tages im Büro verbringt, der sollte nicht auf die Illusionen eines Work-Life-Balance-Modells reinfallen, welches das Leben der guten und die Arbeit der schlechten Seite zuschlägt. Es geht darum, auch die Arbeitszeit als erfüllte Lebenszeit zu sehen, sonst wird das ganze Leben unbefriedigend.

Die Optimierung der Arbeitsprozesse in Kombination mit dem gewachsenen Gesundheitsbewusstsein haben alle körperlich schädlichen Genussmittel aus den Büros vertrieben. Die Psyche wurde dabei allerdings vergessen. In einer hochoptimierten Arbeitswelt sollen sich die Triebe nicht auf die Kollegin, sondern auf die Excel-Tabellen richten. Die Askese geht inzwischen sehr weit. Dabei steht nirgends geschrieben: Wer arbeitet, der soll leiden. Alte Fotografien erzählen diese Geschichte, egal ob Ingenieurbüro, Werbeagentur oder Kanzlei: Wo früher Bier- und Weinflaschen neben Aschenbechern und Knabbereien standen, steht heute nur noch Mineralwasser (mit und ohne Kohlensäure). Es ist, rein körperlich gesehen, zwar gesünder, aber der Mensch lebt nicht vom Brot allein. Wenn ein gesunder Geist in einem gesunden Körper wohnen soll, dann können geistige Getränke auch dem Körper wohltun. Da Alkohol auch Gefahren birgt, ist die Dosierung entscheidend: Keiner will von heimlichen Alkoholikern bevölkerte Unternehmen, in denen jeder Konflikt und jede Angst mit einem Scotch betäubt wird. Aber die puritanische Variante des optimierten Kapitalismus ist ein Ersatzglaubenssystem, man funktioniert perfekt in produktiven Systemen; man optimiert, um produktiv zu sein, man macht Menschen zu Automaten. Es ist klar, dass eine zwanghaft asketische Arbeitswelt alle menschlichen Bedürfnisse nur noch in der Freizeit sucht. Allerdings ist die dann immer zu kurz.

Ab mittags in gesunder Dosierung Alkohol zu trinken, war früher keine Seltenheit und oft hat es zur psychischen Gesundheit beigetragen. In Frankreich, Italien und Spanien — Ländern mit einer besseren Esskultur — ist der Mittagswein keine Seltenheit. Längere und kultiviertere Mittagspausen empfehlen auch die Arbeitsmediziner. Ein Glas Wein zum Essen erhöht nicht nur den Genuss, sondern wirkt auch stresslösend. Das Über-Ich ist im Alkohol löslich. Jeder kennt die Situation: Eine Kollegin hat Geburtstag, mittags gibt es ein Glas Prosecco — und der ganze Nachmittag ist lockerer. Man muss nicht sofort an das vulgäre Verhalten betrunkener Männer denken, nicht an die Bagatellisierung von Alkoholismus; es gibt ein großes Spektrum der kultivierten und psychisch gesunden Genussformen geistiger Getränke. Kein Mensch sollte sich im Büro betrinken, und natürlich muss in manchen Berufen jeder Tropfen tabu sein; aber weder die großen Kunstwerke der Architektur wären wohl ohne die obligatorische Flasche Bier erbaut worden, noch mancher wichtige Deal ohne den Schwenker Cognac zum Abschluss gekommen. In meinem Büro jedenfalls steht eine Flasche Jack Daniel's, es gibt diese Tage. Sie reicht für eine Ewigkeit, aber allein, dass sie dort steht, beruhigt mich und auch manchen Kollegen.

Das Büro ist keine Wellness-Oase und kein Fitnessstudio. Wir brauchen dort weder jeden Mittag eine Masseurin, seltsame Psychotechniken noch permanentes Coaching. Es ist fatal, dass Großraumbüros und Glastüren für eine subtile Dauerüberwachung sorgen. Es ist Zeit, zurückzukehren zu einem geläuterten Genuss, der die Arbeit wieder als Teil des Lebens sieht. Und da ist die Raucherpause plötzlich eine den Stress deutlich reduzierende 5-Minuten-Pause und das Glas Whisky die Belohnung nach einem erfolgreichen Abschluss. Die Arbeitswelt ist überspannt und zu sehr von Ängsten bestimmt, das wird sich nicht ganz so schnell ändern. Aber manchmal hilft einfach ein Drink.

Stille Lektüre als / Utopie und Meditation

Gestern trat ein Fräulein an mein Bette,
Und behauptete, die Märchenfee zu sein,
Und sie fragte mich, ob ich drei Wünsche hätte,
Und ich sagte, um sie reinzulegen: nein!
Werner Finck

Meine Generation ist die erste, die nicht »Teil einer Jugendbewegung« sein konnte, sie ist ein »Teil von Nichts«. Sie scheint wunschlos und, darauf deutet ihr Dresscode hin, kindlich: Manche wollen noch immer Astronaut, Lokomotivführer oder eine Nachtigall werden. Vielleicht hat Wolfgang Hildesheimer in seiner lieblosen Legende »Warum ich mich in eine Nachtigall verwandelt habe« alles über Wunschberufe gesagt. Aber jede Generation muss ihre Erzählung neu schreiben. Ich versuche es mit einem Essay. Karl Jaspers schrieb, zur »Selbstwerdung« sei neben der Kommunikation die Einsamkeit, die Meditation notwendig. Nur wer einsam sein kann, und er grenzt *Einsamkeit* gegen *Isolation* ab, der kann existentiell kommunizieren. Das geschieht heute nur selten, es wird viel gequatscht und wenig gelesen. Mit einem altmodischen Wort wie »Begegnung« macht man sich lächerlich, aber wahrscheinlich nur, weil es Neid auslöst. Die Sehnsucht danach ist nämlich groß, der Raum dafür aber virtualisiert. An die existentielle Stelle ist die »Netzwerkpflege« getreten. Ein langjähriger Kollege (oder etwa: ein Freund?) sagte mir einmal, als ich mich für seine herzliche Weihnachtskarte bedankte, sie sei Teil seiner Netzwerkstrategie. Weihnachtsgrüße seien Teil der Corporate Identity, so binde man Kunden. Ich schwankte zwischen fachlicher Bewunderung und persönlicher Enttäuschung. Im Lotussitz sind die Augen geöffnet, Meditieren ist kein Dahindösen. Es ist nichts für esoterische oder okkulte Sinnsucher. Geistesruhe, der alte buddhistische Begriff, ist verbunden mit großer Klarheit. Sie ist nicht durch ein Bekenntnis zu erlangen, sondern harte Arbeit.

Der verstorbene Krimiautor Janwillem van de Wetering entzauberte diesbezüglich die Klischees: Meditieren tut weh. Menschen, die meditieren, versuchen gute Absichten zu kultivieren, freundlich sich und anderen gegenüber zu sein. Wie bei den Stoikern ist Gleichmut ein hoher Wert. Meditation realisiert eigentlich Freuds Empfehlung *Wo Es ist, soll Ich werden*.

Wenn ich also »sitze«, dann sehe ich klarer, dass ich keinen Traumberuf habe. Meditieren verhilft auch zur Einsicht: Ich sollte lieber gar keine Wünsche haben, zumindest keine, die sich auf die Vergangenheit, die Gegenwart oder die Zukunft beziehen. Aus kleinen Leidenschaften heraus entstehen Vorlieben. Die Vorliebe ist noch nicht so weltverfallen wie die Liebe, sonst bräuchte sie keine Vorsilbe. (Das Vorbewusste ist nicht das Unbewusste.) Vorlieben rücken an die Stelle der Wünsche. Ich mag Bleistifte und suche auf Flohmärkten die alten ohne aufgedruckten Strichcode. Ich mag Schallplatten, Bücher, Fahrräder, Tee, schöne Kleidung — konstant seit meiner Jugend, auch durch wechselnde (politische, persönliche) Entwicklungsphasen hindurch. Es sind private Vorlieben. Ich renne ihnen nicht hinterher. Aber wenn etwas verschlissen ist, investiere ich, um weiterhin Sport treiben zu können, mit Bleistift zu schreiben oder den Alltag ohne Turnschuhe zu bestehen. Selbst wenn ich auf den Wunschzettel »Portwein« schreibe, die genannten Materialitäten sind keine Wünsche. Sie sind Teil einer unbewussten, gewöhnlichen Identitätsarbeit und der sozial notwendigen Verankerung in milieuähnlichen Erlebniszusammenhängen. Auch Vorlieben sind am Ende psychologisches Milieumarketing. Dennoch ist es gar nicht schlimm, Eigenschaften zu haben. Manche mögen ererbte, positiv erlebte biologische Nervenreize sein. Es gibt dann kleine Verschiebungen: Mein Vater trinkt gern Cognac — ich lieber Whisky. Aber wir tragen beide die Uhr rechts, ohne Begründung und trotz unterschiedlicher politischer Neigungen.

Die Ahnung, dies alles sei ohne Bedeutung, halten Buddhisten für eine Einsicht und die Alltagspsychologie für ein sicheres Zeichen einer »Depression«. Eigentlich gehören auch die grundlegenden Vermeidungswünsche dazu: Nicht krank, unglücklich, isoliert, arbeitslos, identitätslos, freudlos, beziehungslos zu werden; wer darüber nachdenkt, bewegt sich schon im roten Bereich. Vermeidungswünsche klingen fatalistisch: Sei froh, dass du gesund bist! Sobald nämlich einer dieser Fälle eintritt, weiß man, dass die Normalität schon das Glück war, sie war wunschloses Glück — und das kommt manchem vor wie Langeweile. Normalität verbirgt, aber gibt diesen Sinn. Wir wissen das, und es hilft uns nicht. Wünsche sind also Enttäuschungen in Aktion. Ein ins Bewusstsein gelangter Wunsch ist eine Erwartung. Jede Enttäuschung verweist (das las ich in Balzacs »Vater Goriot«) auf falsche Erwartungen: »Misserfolg klagt immer die Größe unserer Ansprüche an.« Etwas zu erwarten — soziologisch dramatisiert sogar Erwartungen zu erwarten, von sich und anderen — ist Idealismus. Der ist eine Ersatzreligion (die ich als Gläubiger nicht mag), aber alles andere ist Romantik. Und mit der lässt sich leben: »Nur Fantasielose flüchten in die Realität«, schimpfte Arno Schmidt einmal. Aus diesem Zusammenhang gibt es kein Entrinnen, zumindest nicht im Tageslicht. Bei Tag sieht vieles gut aus, aber es wird Abend, es wird Nacht. Die Träume sind Wünsche in Aktion. Gegen Albträume kann ich mich schlecht zur Wehr setzen, sie liegen außerhalb meiner Kontrolle. Nabokov verriet in »Erinnerung, sprich«, er sei im Einschlafen immer schlecht gewesen. Wer nicht schläft, der träumt nicht. Nur: Schlafen muss schließlich jeder, auch wenn die Mediziner bis heute nicht wissen, warum. Freud wusste es.

»Ich jage dich, du entkommst mir nicht, ich mach' dich nachts zum Attentäter, zum Verräter, ich jage dir den Schweiß von der glatten Stirn bis tief ins Gehirn …« sang Nina Hagen in einem Song über Albträume. Da war ich gerade acht Jahre alt. Das Lied war auf einer von drei

Musikkassetten, mit denen mich mein älterer Vetter versorgte und die in meinem Lego-Jeanssack lagen. Kurze Zeit später wünschte ich mir innig eine Nina-Hagen-Platte zum Geburtstag, meine Tante und meine Mutter hatten aber gemeinsam beschlossen: Frank, das ist noch nichts für dich, erst wenn du mal älter bist. Menschen ohne Wünsche — Erleuchtete ausgenommen — werden taub, aber sie haben keine Ruhe. Die Anderen sind sich lautstark sicher, man selbst schwankt. Zu einer akustischen Kultiviertheit hat es Europa nie gebracht. Joachim-Ernst Berendt und Wolfgang Welsch haben das beklagt. Der Teufel persönlich hat wahrscheinlich dem Menschen die Ohrenlider wieder entfernt. Nur die Wiener Kultur hat auf die laute Welt eine ironische Antwort gefunden: das Kaffeehaus. Mit anderen zusammen allein sein. Sogar in der Hauptstadt der klassischen Musik ist das Kaffeehaus eine Ruhezone.

Für einen Beruf, für die Berufung, muss man aber die Ohren aufsperren, trotz des Lärms. Sigmund Freud fügt seiner niedlichen Zeichnung des Seelenapparates in *Das Ich und das Es* eine eigenartige Öffnung, »ein Ohr« hinzu. Er führt dazu nicht viel aus (Über dieses Ohr hätte Derrida nachdenken sollen). Hören lernen, leise sein, Stille als Geräusch wahrnehmen; wie Peter Handke im Versuch über den geglückten Tag: »… er ließ vor dem Fenster den Nebel ziehen, er ließ hinter dem Haus das Gras wehen.«

Eine Freundin berichtet mir von ihrem Besuch bei Nonnen mit Schweigegelübde, die antworteten auf die Nachfragen: »Natürlich reden wir, aber wir quatschen eben nicht.« In der Abwesenheit von Rauschen (von Straßenlärm, Elektronischem, Gerede, Tinnitus) stelle ich mir Schallwellen vor, die nur für Fledermäuse zu hören sind. Sie liegen außerhalb des gewöhnlichen Spektrums, sie liegen im Wahrheitsbereich. Sie ergeben einen fernen, wahren und deutlichen Ruf. Einen Beruf. Vielleicht noch mehr, vielleicht — mit Martin Luther — eine Berufung. Der Prophet Jesaja wusste das: »In Umkehr und Ruhe war das Heil, in Stillsein und Vertrauen war eure Stärke« (Jes. 30, 15). So eine Ruhe, die zu etwas führt, erfuhr Joseph Beuys. Er bekam als 17-jähriger ein Heftchen mit Fotografien der Plastiken von Lehmbruck in die Hand — alles wurde still um ihn; und er wusste — nein er hörte —, er wird Skulpturen machen, er wird Künstler werden. Die Kultur erzeugt, die Gesellschaft verhindert Wünsche. Die Kultur ist still, die Gesellschaft lärmt. Die Kultur kennt Berufungen, die Gesellschaft nur Jobs.

Wer seinen Wunschberuf hat, repräsentiert in angenehmer Weise, nie erwachsen geworden zu sein. Einem solchen Kinderwunsch folgen zu können, ist daher noch mehr als eine soziale Plastik. Es ist eine freudsche Plastik. Das Über-Ich hat zwar verloren, aber die Kultur geht nicht unter. Wer einen Wunschberuf hat, der fällt nicht unter Freuds Diktum, dass glückliche Menschen keine Romane schreiben. Uwe Timm, der sich über den zweiten Bildungsweg kämpfte, »weil er schreiben wollte«, hat — so scheint es mir — seinen Traumberuf erreicht. Er hat ihn im »liebenden Kampf« (Jaspers) mit der Welt gewonnen, erobert. Seine Texte enthalten die Energie, die Kosten und das Wünschbare dieses Weges. Der Wunderblock. In den Romanen des 19. Jahrhunderts begegne ich Privatiers, fast ein Traumschrei. Sie verstricken sich zwar in Kriegen, Frauen, ihrem Atheismus, ihrem Glauben, ihrem Spiegelbild, in fremden Kulturen, dem Zeitgeist, ihrer Schuld, Ideologien oder ihren Ambitionen. Aber, und das kann nur der heutige Leser schätzen, sie müssen nicht ihr Geld verdienen. Sie haben ihr »Grundeinkommen«, als gehöre dies zum Menschsein, ja als beginne damit das Menschsein. Zumindest das Menschsein, von dem sich zu erzählen lohnt.

Sie reisen, mieten sich einfach für einige Wochen ein. Sie schlendern, trinken um elf den zweiten Tee und überlegen, was der Tag bringen soll, außer den schon eingetroffenen Briefen. Keine dieser Figuren hat einen Berufswunsch nötig, nicht einmal die Amerikaner bei Henry James. Die These einiger russischer Autoren, diese Menschen seien »die Überflüssigen«, ist ganz falsch. Es gibt Arbeit, Unrecht, Portwein, schlechte Absichten und schöne Seelen im Übermaß — und denen sich zu widmen, war (ist!) ein kultivierter Mensch in gewisser Weise verpflichtet. Was sollte er auch sonst Sinnvolles tun? (Mönchisches Leben muss ich hier beiseitelassen.) Der Privatier ist zwar auch der ungnädigen Freiheit ausgesetzt, die das Leben zur Aufgabe macht. Aber er kennt eben doch mehr als die Anpassung an ökonomische Zwänge, die wir heute Freiheit nennen. Nur 1968 blitzte zum letzten Mal die Romantik des 19. Jahrhunderts kurz auf: Die Ideologie, arm und nicht bürgerlich zu sein, sorgte in der protestierenden akademischen Mittelschicht für große Freiheiten.

Heute existiert, außerhalb der Klöster, keine gelebte Philosophie der Freiheit. Noch existieren aber: die Bücher. Lesen ist (noch) eine Form der Errettung aus dem Lärm der Gegenwart, wahres Lesen bleibt eine Berufung. »In einem privaten Raum kann man lesen, ohne dass andere abschätzen können, was man aus der Lektüre machen wird. Aber genau das, die Nichtabschätzbarkeit kommuniziert man, indem man sich zurückzieht und schweigend liest«, schreibt Dirk Baecker. Selbst Kinder, die sich lesend zurückziehen, lässt man in Ruhe und lobt deren dissoziiertes, autistisches Verhalten.

Wichtig als Potential ist mir die Nichtabschätzbarkeit der Folgen. Ein Wunsch könnte also sein: Jeder sollte nach dem Frühstück erst einmal eine Zeitspanne zugestanden bekommen — eine Stunde genügt —, um in einem großen Roman von Leo Tolstoi, Henry James oder George Eliot zu lesen. Die Schule müsste langsam und undogmatisch darauf vorbereiten, damit es so selbstverständlich wird, wie es das Frühstück einmal war. Wer sich mehr Geistesruhe erlesen hat, der kann Adalbert Stifter, Gottfried Keller und Jean Paul lesen. Es existiert, jeder Leser kennt das, ein Weg der Lektüre, eine Entwicklung hin zu anderen Texten. Damit sind keine Niveauunterschiede behauptet, die Dramatik des einen Autors kann nicht gegen den Feinsinn anderer ausgespielt werden. Aber dennoch: Keine Lesekarriere beginnt mit Heimito von Doderer oder Albert Vigoleis Thelen. Ließe sich die Utopie verwirklichen: Der Tag würde anders beginnen. Es wäre unmöglich, mit Red-Bull-Dose und Filterzigarette in ein unförmiges, die sexuelle Potenz sublimierendes

Automobil zu steigen, sich im Stadtverkehr zur Aggression hinreißen zu lassen, um dann acht Stunden die Kollegen mit nur eingebildeten Wünschen zu traktieren. Erst wenn solche Szenarien überwunden sind, behaupte ich mit Blochscher Emphase, käme die Zeit, in der das Wünschen wieder helfen wird. Dann hätte ich einen Wunschberuf, der nicht nur der Output einer Wunschmaschine wäre. Dann müsste ich nicht mehr den Wunderblock hoch auf den Berg wälzen, nur damit er herunterrollt.

Lob des Fachgeschäfts

»Wer Hilfe beim Bedienen benötigt, kann sich an der Kasse melden«, auf diesen Aushang stieß ich in einem Plattenladen. Es hing über den einfachen Plattenspielern, die zum Probehören für die Kundschaft gedacht sind. Ich war verwirrt. Wer kann so ein Gerät nicht bedienen? Nun: Es gibt jugendliche Kunden, die sich plötzlich für Schallplatten interessieren, die aber als »digital natives« eben noch nie einen Plattenspieler gesehen haben — und vielleicht auch noch nie ein echtes Fachgeschäft alten Stils. In digitalen Zeiten, in denen der Onlinehandel den Konsum befriedigt, verändert sich unser Blick auf einstmals vertraute Orte.

Eine alte Eisenwarenhandlung wirkt wie ein Museum, ein Schuhmacher oder Maßschneider, eine gut sortierte Buchhandlung, ein Dessousladen, die Läden für Künstlerbedarf oder Papeterien, Tee- und Weinläden, Instrumentenbauer — all das gehört zu einer Hochkultur des Kleinhandels, den man unter Kulturschutz stellen möchte. Es sind Orte außerordentlicher Schönheit und die Menschen, denen man dort begegnet, sind besonders. In meinem Viertel in Köln hat eine Bäckerei eröffnet mit angrenzender Backstube, ein großes Fenster gibt den Blick auf die Bäcker frei. Meine Tochter, ja Kinder generell, stehen staunend vor der Scheibe. Es gibt eine Rückkehr des Analogen, eine Vorliebe für berührbare Dinge, eine neue Wertschätzung von Handwerk und Fachwissen. Der Onlinehandel ist praktisch und billig, aber er befriedigt eben nur kalte Konsumbedürfnisse. Sein Motto bleibt »Geiz ist geil!«

Als Autor bin ich eng verbunden mit meinem Buchhändler. Jede Woche stöbere ich in seinem Laden, entdecke Bücher, die ich nicht gesucht habe, und bekomme Tipps von ihm. Er kann aus früheren Zeiten berichten, kennt die aktuellen Titel und gibt mir einen Ausblick auf die Erscheinungen des nächsten Halbjahres. Er kennt Geschichten über Verlage, Lektoren und Autoren. Er ist für mich eine unerschöpfliche Quelle an Wissen. Ich lerne andere Kunden mit ähnlichen Interessen kennen. Mein Verleger kauft ebenfalls in diesem Buchladen. Wenn ich recherchiere, weihe ich meine Buchhändler stets ein, das hat für mich große Vorteile. Als ich im letzten Jahr Material über Johnny Cash sammelte, bremste er meine Bestellung und sagte, ich solle noch zwei Monate warten. Dann nämlich erscheine eine neue Biographie, die das neue Standardwerk werden könnte. Ich habe gewartet und es hat sich gelohnt. Ich hätte ohne diesen Tipp wahrscheinlich die wichtigste Quelle meines später erschienenen Essays über Cash übersehen.

Als ich an einem Buch über Schuhe schrieb, da lagen nicht nur Stapel von Titeln dazu auf meinem Tisch. Auch meine

Gespräche mit Schuhmachern oder in den renommierten Sneaker-Stores waren eine bereichernde Inspiration. Fachhändler sind nämlich nicht einfach Verkäufer. Sie verwachsen nach einer gewissen Anzahl von Jahren mit ihrer Handelsware. Es geht nicht vor allem ums Geld, wenn man sein ganzes Arbeitsleben im eigenen Laden steht und Schallplatten, Schuhe, Uhren oder Bücher verkauft. Der Händler verwächst mit seiner Ware, sie wird Teil der Lebensform. Gespräche in einem guten Teeladen schließen einem die Tür zur Teekultur auf, man begegnet im besten Falle einem echten »Teemenschen«, also einer Lebensphilosophie. Ähnlich erging es mir in München in einem Fachgeschäft, in dem nur Farbpigmente verkauft werden. Hier bekommt man alles, um selbst Farben herzustellen. Die Verkäufer dort, meist sind es die Inhaber oder deren Familienmitglieder, *leben und arbeiten* mit und für ihre Waren. Hier zeigt sich nicht die böse Fratze des Kapitalismus. Eine Kaffeerösterei, die seit drei Generationen betrieben wird, bringt ganz Anderes hervor: den Glauben an die beste Qualität, die Hochkultur von Espresso und das Leben mit Kaffee, Kaffeeautomaten, Kaffeemühlen und den passenden Tassen. Was dabei herauskommt, ist »Gastrosophie«.

Ich empfinde es als Bereicherung, in eine kleine Welt einzutreten, in der die, die sie erzeugen, an das Gute glauben. Man kann unterstellen, dass inhabergeführte Fachgeschäfte vor allem anbieten, was sie selbst wertschätzen. Die Verkäufer dort geben ehrlichen Rat, raten sogar ab, sind verbunden mit den Marken, die sie vertreiben. Der

Kunde kann an ihren Erfahrungen teilnehmen. Und nicht zuletzt: Der Buchhändler selbst ist eindrucksvoll belesen, der Teeladenbetreiber hat feine Geschmacksnerven und einen gelassenen Geist, der Weinhändler ist Gastrosoph, der Instrumentenbauer hat ein feines Gehör. Es ist eine Bereicherung, mit diesen Leuten sprechen zu können. Und dann kommt es noch zu einem menschlich innigen Verhältnis: Fachhändler bringen mich dazu, ihnen mein Geld zu geben. Das mag Alltag sein, aber ich überlege sehr genau, wem ich Geld gebe. Es ist immer eine Investition in ein Stück Welt, die ich beibehalten möchte. (Ich kaufe unter anderem deshalb kein Fleisch, weil ich die Massentierhaltung nicht finanzieren möchte.) Wer Geld investiert, der zeigt, was er liebt.

Ich halte diese Sichtweise für natürlich, völlig rational — und zudem liebe ich Orte der Schönheit. Die Versandlager der Onlinehändler sind nicht schön, oft sind es einfach Orte der Ausbeutung. In einem Fachgeschäft allerdings wäre die schlechte Atmosphäre sofort spürbar. In einem Café, wo der Chef seine Kellner aggressiv angeht, fühle ich mich unwohl. Das Streifen durch Fachgeschäfte gehört zum Erkunden einer fremden Stadt, weil diese Geschäfte etwas über die Geschichte und Kultur erzählen. Es geht hier keineswegs nur ums »Shopping«, nicht um blinden Konsum. Auslagen und Atmosphäre der Uhrenläden in der Schweiz vermitteln mir als Deutschem viel von der kulturellen Wertschätzung gegenüber dem Uhrmacherhandwerk — also für die Feinmechanik der Zeitmessung, also für die Zeit selbst. Das alles hängt zusammen.

Das Gute am Fachgeschäft ist, dass man je nach Interesse durch ganz unterschiedliche Welten streifen kann. Das Flanieren, die ziellose Bewegung durch eine Stadt und ihren Fachhandel, gehört zu den großen Errungenschaften der westlichen Kultur. Es gibt Benimmregeln, als Kunde verstehe ich mich als Laie und Lernender. Erst der Onlinehandel hat gezeigt, welchen hohen kulturellen Wert das echte Fachgeschäft hat — wir müssen es erhalten!

Übersichtliches / Halbdunkel

Warum arbeiten so viele Studenten in Kneipen?

»Wenn ich durch diese Tür gehe, bin ich ein Anderer. Das ist wie Urlaub«, sagt Aron. Wie viele Studenten arbeitet er abends in einer Kneipe, um sein Geld zu verdienen. Er studiert im vierten Semester an der Universität Köln und ist aus Süddeutschland in die Rheinmetropole gezogen. Nach dem Abitur ist die Situation für viele gleich: Zu Hause aus- und in eine WG einziehen, die Heimat verlassen und ein Studium beginnen. Im Gegensatz zur wohlstrukturierten Schulzeit wird das Leben nun unübersichtlich. Der Tag kennt keine vorgegebene Zeitstruktur mehr, der Freundeskreis muss neu aufgebaut werden — und wie man sich innerhalb einer Massenuniversität orientieren soll, bleibt unklar.

In ganz entscheidenden Aspekten wird der Alltag plötzlich zur Herausforderung. Und das ist, aus psychologischer Perspektive, nicht ganz einfach. Hinzu kommt Geldmangel. Die meisten Studierenden müssen sich nebenbei einen Job suchen. Zu den beliebtesten Arbeitsorten zählen Kneipen, und das nicht ohne Grund. Die Kneipe bringt nämlich nicht nur Nikotin in die Lunge, sondern auch Ordnung in das unübersichtliche Studentenleben.

»Ich muss hier an nichts zweifeln, die Regeln und Arbeitszeiten sind klar und ich kenne jeden Winkel«, sagt dazu Lisa, die seit vier Semestern in einer schicken Bar für die Cocktails zuständig ist. »Es ist meine Insel. Die Leute schauen mir fasziniert bei der Arbeit zu, ein bisschen ist das auch eine Bühne.« Wer hinter der Theke steht, folgt einem Drehbuch, in dem die Rollenanweisungen klar sind. Und es geht auch, man kann es übertrieben so nennen, um »Glamour«. Denn wer in einer Kneipe arbeitet, wird schnell zum Objekt der Begierde: Ob Männer oder Frauen, das Personal muss — in welcher Form auch immer — gut aussehen, Ausstrahlung haben. Kneipen sind Spielstätten der Attraktivität. Welcher Kunde lässt sich nicht gerne von einer schönen Frau bedienen (oder von einem schönen Mann)? Was zählt, ist jedenfalls die Ästhetik und weniger der Inhalt. Vielleicht ist das ein Geheimnis des Jobs: Für ernste Gespräche bleibt meist gar keine Zeit. Die Probleme des Alltags bleiben erst einmal draußen. Zudem steht in Kneipen die Zeit still — Freizeit, Arbeitszeit, Tageszeit, hier wird alles zur Kneipenzeit. Ob es dämmert oder nicht, das künstliche Licht erzeugt ein gastronomisches »Holodeck«. Und dann die Musik. Mit ihr entscheidet sich der Dresscode und oft auch die Milieuzugehörigkeit. In Großstädten findet sich für alle der passende Ort. Wer stylisch sein will, der arbeitet in einem »Club«, andere kellnern lieber am Nachmittag und hören Jazz, es gibt Heavy-Metal-Kneipen, Hip-Hop-Abende, Depeche-Mode-Partys, Live-Events und Kneipen, in denen Radio läuft oder eben spanische Popmusik.

Das Personal ordnet sich ein in das Spektrum und wird von den Gästen identifiziert mit den jeweiligen Läden. Das ist nicht ganz unwichtig für ein Selbstbild, welches sich in den Studienjahren neu zeichnen und konturieren muss. Auch Frust und Angst haben in der Kneipe Zutrittsverbot. Nicht nur die Psychoanalytiker wissen: »Das Über-Ich ist in Alkohol löslich.« Geistige Getränke wirken angstlösend. Das ist noch lange kein Drogenmissbrauch. Entspannung und Geselligkeit sind kulturell an Alkohol gebunden — nach einem Bier läuft vieles einfacher. Auch für das Personal, das für die Getränke natürlich nicht zahlen muss (zumindest in einer ordentlichen Kneipe).

Wer zu viel trinkt, kann nicht mehr gut arbeiten. Aber wenn alle Gäste gegangen sind, kann immer noch passieren, was will. Vielleicht gehen auch gar nicht alle, oder man geht nicht allein.

»Ich habe viele Leute, mit denen ich in der Uni zu tun habe — selbst Dozenten — hier während der Arbeit kennengelernt«, sagt Lisa. In Großstädten sind Kneipen Orte der Begegnung, der Suche, ja sogar des »Networking« geworden. Und während das für die Gäste nicht immer so ganz einfach ist, hat das Personal dazu jederzeit die Möglichkeit. Es hat einen stark ritualisierten und selektiven Zugang zu den Gästen. Kellnerinnen entscheiden jederzeit darüber, wem sie einen ausgeben, mit wem sie anbandeln wollen oder ob sie daran kein Interesse haben. Zuerst lernt man die Kollegen kennen und die kennen die Stammkunden. Kneipen sind Orte zahlloser Begegnungen, ohne dass man dafür etwas tun müsste — außer eben dort zu arbeiten. Und für die Reibereien mit besoffenen Rüpeln gibt es in vielen Kneipen eine Routine des Rausschmisses. Dass Kellnern auch ein anstrengender, (noch) verrauchter, stressiger Job ist und die Aufgaben des nächsten Tages nicht immer leicht von der Hand gehen, wenn man kaum geschlafen hat, kann keiner bestreiten.

Jeder kennt auch die tragischen Existenzen, die zu lange am Kneipenjob kleben und nicht mehr studieren. Aber die bleiben, gemessen an der fleißig studierenden Mehrheit, die Ausnahme. Das normale Kneipenpersonal wacht am nächsten Morgen zwar körperlich müde, aber psychisch regeneriert auf. Und zum Ausgleich warten der unübersichtliche Werktag, die intellektuellen Herausforderungen des Studiums, das grelle Tageslicht und die nüchterne Unsicherheit des Lebens. Und dieser Ausgleich zwischen nächtlicher Kneipe und Tagesgeschäft scheint ein bisschen abhängig zu machen: Auch Marie hat ihr Studium mit Kellnern finanziert, das ist aber schon fast zehn Jahre her. Sie arbeitet heute als rechte Hand der Direktorin in einer Akademie und mag ihren Beruf sehr. Aber auf meine Anfrage hin sagt sie: »Auch heute noch würde ich gerne einen Abend die Woche kellnern — nur, um dieses Gefühl zu haben — es geht dabei nicht ums Geld.«

DER GLANZ IM DUNKELN

Die dunkle Nacht

»Gott ist Licht und keine Finsternis ist in ihm«, lesen wir im ersten Johannesbrief. Die Tage werden im Herbst dunkler. Es fühlt sich an, als sei Gott nicht ganz so leicht in allem zu finden, wenn die Tage kürzer werden. Die dunkle Jahreszeit jedenfalls stellt viele Menschen vor die Herausforderung, mit der Melancholie fertig zu werden. »Heute ist es modern, frustriert zu sein«, schreibt der Benediktiner Anselm Grün. Da es legitimer ist als früher, seine Stimmungen öffentlich zur Schau zu stellen, begegnen wir öfter mies gelaunten Menschen und lassen uns selbst schneller gehen. Ob in Form einer »Tyrannei der Intimität«, wie sie der Soziologe Richard Sennett beschrieb, in der wir anderen zutiefst Privates öffentlich zumuten, oder in den alltäglichen Begegnungen im Freundeskreis. Die Menschen sind oft frustriert, sie leiden an sich und — ja, woran eigentlich? Sie kultivieren ihre miese Laune und suchen im schlimmsten Fall sogar Sündenböcke.

Ich glaube, wir lassen uns zu schnell und von zu bedeutungslosen Ereignissen die Stimmung verderben. Manchmal erscheint es mir, als müsse an die uralte christliche Lasterlehre erinnert werden, aus der zu Unrecht im Mittelalter die dramatisierten »Todsünden« wurden. Aber traurig zu sein, ist keine Sünde. Laster sind dem Menschen mitgegebene Untugenden, mit denen er umgehen lernen muss. Es gibt die Gefahr, zu viel zu essen, träge zu sein, stolz, neidisch oder zornig; diese destruktiven Aspekte gehören zum realen, seelischen Erleben. Die Existenz der Laster zu leugnen, ist meist dumm, wir Menschen sind keine Götter, nicht perfekt. Zu einem der anfangs meist kleineren Laster, also einer unserem Seelenleben mitgegebenen Eigenschaft, gehört auch die *Traurigkeit*. Ich finde es eine entlastende Sicht, dass die Traurigkeit nicht als schlechte persönliche Eigenschaft gesehen wird, sondern als angeborener Teil der Psyche. Wer keinen Widerstand gegen die kleineren Traurigkeiten übt, sondern das Gefühl zulässt, der erspart sich den späteren großen Zusammenbruch.

Ein wenig traurig zu sein, macht uns oft still. So lange die Bedrückung nicht zu groß ist, ist es von Vorteil, darüber zu schweigen, weil sie wieder vergeht. Die Kommunikation, vor allem das Klagen über allerlei Unwichtiges, steigert hingegen die Befindlichkeitsstörung. Und die Traurigkeit kann, wie jede destruktive Emotion, andere anstecken. Bei manchem unerfreulichen Ereignis können wir uns hingegen heilend fragen: »Spielt das in einem halben Jahr noch eine Rolle?« Das Vergehen der blühenden Natur, der wärmenden Sonne, des barfüßigen Herumlaufens, des T-Shirt-Wetters, der langen schönen Abende — alles das kann einen traurig stimmen; im Herbst stirbt die Natur und es wird kalt und nass. Aber warum über das Unabänderliche laufend klagen? Warum sich über das Wetter oder ähnliche Dinge beschweren? Ob ich gut oder schlecht gelaunt bin, wird den Regen nicht stören.

Dunkle Gefühle sind oft keiner weiteren Erwähnung wert, würden sie nicht manchmal zu langfristigen finsteren Stimmungen, die anfangen, uns zu lähmen. Das Leben hält auch die großen Traurigkeiten bereit, die Trauer, und der müssen wir uns stellen. Sie gehören zu einer anderen Gruppe von Krisenerfahrung. Die Grenze zur ernsthaften Erkrankung der Depression ist fließend. Wer mehr als drei Tage mit extrem finsteren Gedanken und Energielosigkeit kämpft, sollte sich professionelle Hilfe suchen. Heute ist die Depression bei seriösen Therapeuten in guten Händen, sie lässt sich behandeln und heilen. Allerdings nicht endgültig, ein Rest wird bleiben. Die Melancholie, auch in der noch nicht pathologischen Form, ist viel älter als jede Therapierichtung. Seit dem Mystiker Johannes vom Kreuz gehört die »dunkle Nacht« zum zentralen Begriff christlicher Spiritualität. Der Mensch macht Erfahrungen mit der Dunkelheit, vor allem der, der sich spirituell übend weiterentwickeln will. Jedes Leben, jeder Glaube kennt die dunklen Zeiten. Mit einem Gedicht beginnt eins der Hauptwerke des Mystikers:

In einer Nacht, dunkel,
in brennender Liebessehnsucht entflammt,
— o glückliches Geschick! —
ging ich hinaus, ohne bemerkt zu sein;
mein Haus war schon zur Ruh' gekommen.

So die erste Strophe von acht. Im Buch erläutert Johannes vom Kreuz seine Erfahrungen beim Durchschreiten der dunklen Nacht, der Frustration und Zweifel, der Niedergeschlagenheit. Sein Leben war voll entsetzlicher Erfahrungen, Kerkerhaft und Folter, Missverständnisse und Leiden. Der Mann war kein erfahrungsarmer Schriftsteller, sondern seine tiefen Einsichten geben Auskunft über seine Lebens- und Leidenserfahrung. Er hat sich nicht unterkriegen lassen und heute verehren wir ihn als Heiligen. Schriftsteller weltweit verehren ihn als Dichter, auch für die Weltreligionen und Atheisten ist er eine bereichernde Quelle.

Die dunkle Jahreszeit ist die Zeit für innere Einkehr und Lektüre. Sie ist die Zeit für Spiritualität und mystische Texte. Sich zurückzuziehen und zu lesen, gehört zu den Quellen der europäischen Bildungstradition. Wie das flimmernde Fernsehen die kraftvolle Stille der langen dunklen Abende ersetzen konnte, bleibt mir ein Rätsel. Ich finde das Lesen, das sich Wärmen an einer Schale Tee, den Rotwein zur (vor)weihnachtlichen Schokolade, das Kerzenlicht eine praktische Chance beim Umgang mit der Dunkelheit. Die kalte Jahreszeit lädt dazu ein. Lesend entsteht mehr Klarheit, auch über die Herkunft unserer Gefühle. Warum sind wir so oft frustriert?

Das Innehalten fördert viel zu Tage, daher meiden es manche Menschen und fliegen lieber in die Karibik. Hitze, Sonne, Party — bloß keine langen Abende allein.

Es sind die innere Unruhe und der uneingestandene Ehrgeiz, die durch grelles Kunstlicht die Dunkelheit vertreiben sollen. Menschen schrauben die Erwartungen an sich und die Welt so hoch, dass die Normalität wie eine Niederlage erscheint. Dabei ist der Alltag meist normal und wir gehören zum Durchschnitt. Das mag ernüchternd klingen, aber es gibt keinen Grund, sich dafür zu schämen. Es ist ein Irrtum, in allem überdurchschnittlich sein zu wollen, um halbwegs zufrieden zu werden. Nicht die Welt, sondern falsche Erwartungen erzeugen den Frust.

Wir glauben, wir seien ein Defizit, immer unfertig, könnten der Welt nie genügen. Dabei zeigt die Erfahrung der Mystiker: Wir sind schon da! Wir genügen, wir sind bereits am anderen Ufer angekommen.

Mit Johannes vom Kreuz: Es ist kein langer Aufstieg zur Bergspitze, sondern wir befinden uns auf dem Hochplateau. »Es ist Weisheit, die nach Weisheit sucht«, lesen wir beim Zen-Meister Shunryu Suzuki. Wir sind schon ein Ebenbild Gottes — und das ist ein Geschenk.

Wir sind keinesfalls verloren im Dunkel, wir können die Nacht durchschreiten — einen anderen Weg scheint es nicht zu geben —, aber am Ende wird das Licht sichtbar werden. Am Ende der Dunkelheit, der Kälte, wartet der Frühling, der Sommer. Vielleicht ist er, in gewisser Weise, schon da. Unter dem Schnee verbergen sich die Pflanzen, die bald wieder aufblühen werden.

Zeugnis / ablegen

Unser gegenwärtiger Wohlstand beruht auch — nicht nur — darauf, dass in anderen Teilen der Welt Unterdrückung, Krieg und Mangel herrschen. Viele dieser Missstände blieben lange unsichtbar. Doch dann veränderte ein Foto auch meine Wahrnehmung: Ein dreijähriger toter Junge wurde an einen idyllischen Sandstrand der Türkei angeschwemmt. Das Foto ging um die Welt und mit ihm die Diskussion, ob und wie Medien solch ein Bild veröffentlichen dürfen. Susan Sontag dachte in einem späten Buch darüber nach, warum wir das Leid anderer betrachten. Sie forderte dazu auf, uns von schockierenden Fotos heimsuchen zu lassen, um nicht zu vergessen. Die natürliche Reaktion auf das Leiden ist Mitgefühl — nur wie wird aus diesem Gefühl eine Handlung?

In einem Gespräch mit meiner Freundin kristallisierte sich die Idee heraus, unser komplettes Dezembergehalt zu spenden, also dem »Almosen geben«, einem der Werke der Barmherzigkeit, radikal zu folgen. Mir gefiel der Gedanke, nicht nur zu *geben*, sondern etwas *abzugeben*. Ich wollte verzichten zugunsten anderer. Ich suchte im

Internet und sprach mit Flüchtlingshelfern, um für unsere Spende eine gute Adresse zu finden. Ich stieß auf das seit 30 Jahren prekär finanzierte *Therapiezentrum für Folteropfer* in Köln. Das Zentrum benötigt Geld, um Therapeuten zu bezahlen, die sprachlich und fachlich solchen Aufgaben gewachsen sind. Auf der Feier zum 30-jährigen Jubiläum des Therapiezentrums sprach ein sichtlich grippekranker Navid Kermani, an seinem eigenen Geburtstag, weil, wie er sagte, es doch sehr wichtig sei. Er sprach vom *Einbruch der Wirklichkeit* in Europa. Aus seinen Büchern wusste ich von seinen Reiseerfahrungen. Zehn Jahre, bevor uns das Thema beschäftigte, schrieb er über die Flüchtlinge auf Lampedusa. Nun sprach er eindringliche Worte über das Therapiezentrum für Folteropfer. Es war der richtige Ort für mein Dezembergeld.

Zum ersten Advent waren unsere Konten leer. Es prasselten spontane Einladungen zum Tee und zum Essen auf mich nieder. Die erste Einladung kam zwei Minuten, nachdem ich einen informierenden Text zu der Aktion im Facebook gepostet hatte: von einer türkischen Studentin, die einem liberalen Islam folgt, die zweite von einem engagierten Katholiken, ein ehemaliger Student, schließlich von meiner Schwester. Die ersten Tage war ich ganz erfüllt vom spontanen Zuspruch.

Ganz so einfach war die Sache aber nicht. Mein Arbeitsalltag lief wie gewohnt weiter und erlaubte nicht, mich morgens oder mittags nach anderen zu richten. So war ich mit dem ersten Dilemma konfrontiert: Ich hatte keine Zeit, quer durch die Stadt zu fahren, um anderswo zu essen. Vor mir lagen Hochschulseminare, Prüfungen, Besprechungen, Lesereisen und die knappe Zeit, in der ich am neuen Buch schrieb. Ich musste Einladungen ausschlagen oder verschieben, obwohl ich sie brauchte. Es war unangenehm, so viel abzulehnen und es war unangenehm, anzunehmen. Ein Bekannter, Rettungssanitäter, schrieb mir, er würde mir vegetarisches Essen kochen und mittags ins Büro bringen. Ich konnte nicht über meinen Schatten springen und das Angebot annehmen. Ich aß jeden Mittag billiges Schwarzbrot und einen Apfel. Wer annimmt, bedroht seine Unabhängigkeit — wir richten uns zu sehr in der Fantasie ein, autonom zu sein.

Mir wurde schnell klar, dass ich mich auf einen asketischen Monat eingelassen hatte. Und die Aktion hatte eine spirituelle Seite: »Entwickelt sich die Spiritualität, kommt es zu neuen Deutungen der Welt, des Lebens und der Rolle des Menschen, zu einer Veränderung in den Religionen also. (…) Dieser Prozess ist ein gegenseitiges Durchdrungensein von allem, was Menschen in einer sich ständig verändernden Welt erfahren, was sie durchdenken und fühlen«, las ich bei Michael von Brück. Meine Wahrnehmung änderte sich; ein krisenhafter, anstrengender Vorgang. Das Leben ohne Geld war anders, als ich es mir vorgestellt hatte. Solange der Kontostand den Alltag nicht beeinträchtigt, hat er wenig Bedeutung. Ich habe nie eine Sehnsucht nach Statussymbolen gehabt, besaß weder Eigentum noch ein Auto. Die einzigen Dinge, die ich mir leiste, sind Bücher — die kaufe ich, ohne lange zu zögern. Sie sind Quellen für meine Arbeit, mein Schreiben und meine freie Zeit. Ich kaufe ab und zu Schallplatten. Meine Schwäche für Turnschuhe führt sicher dazu, dass ich davon mehr kaufe, als die Nützlichkeit es gebietet. Ich lege Wert auf ethisch vertretbare Nahrungsmittel. Aber das alles hält sich im engen Rahmen meiner prekären Finanzierung. Meine Adventszeit wurde diesmal nicht von der freudvollen Jagd auf Geschenke bestimmt, ich konnte keine kaufen. Ich informierte mein Umfeld über die Spendenaktion, damit keiner dachte, ich hätte ihn vergessen. Überschwängliche Freude löste es in Familie und Freundeskreis nicht aus, keine Geschenke zu bekommen. Dennoch störte es mich mehr als die anderen. Geschenke zu bekommen, sie annehmen zu können und selbst keine oder nur sehr kleine zu haben, lässt einen vor Demut zu Boden schauen. Es war beschämend.

Ich musste mir morgens Brote schmieren und sie einpacken, um mittags etwas zum Essen zu haben. Mein Kaffee war leer und ich kaufte billigen im Discounter, mit schlechtem Gewissen: Es war kein fair gehandelter und ich zermürbte mir den Kopf, ob es nicht ein absurdes Unterfangen war, mein Geld einerseits für eine gute Sache zu spenden und im Gegenzug nun auf Lebensmittel zurückgreifen zu müssen, die auf Ausbeutung beruhen. Die geringere Qualität der Lebensmittel begleitete mich täglich: Billiges Brot sättigt nicht und wird schnell trocken, die Marmelade und der Käse waren geschmacksneutral. Ich verzichtete weitgehend auf billige Milchprodukte, weil mir das lieber war, als die Tierquälerei zu finanzieren. Butter, Joghurt und Eier fehlten also. Die Freude am Essen verlor ich nicht gänzlich, weil einige

Menschen uns Care-Pakete schickten. Die Lebensmittel darin bekamen eine große Bedeutung: Naschereien, die man sich nicht leisten konnte. Müsli, Reis, Sojaprodukte, Oliven, Pesto, Pasta. Ich musste daran denken, wie mir meine Oma noch in den 1990er Jahren, wenn ich sie besuchte, Kaffee und Butter mitgeben wollte, bevor ich mich auf den Nachhauseweg machte.

Dass auch in Europa Menschen zu wenig zu essen hatten, war nicht lange her. Ich erinnerte die ergreifende Passage im Buch von Jonathan Safran Foer. Seine im Krieg hungernde und flüchtende jüdische Großmutter lehnte Schweinefleisch ab und sagte: »Wenn nichts mehr wichtig ist, gibt es nichts mehr zu retten.« Durch den eigenen, wenn auch freiwilligen Verzicht bekamen diese Geschichten ein größeres Gewicht. Manchmal reichen schon kleine Erfahrungen, um das Einfühlungsvermögen stark zu erhöhen.

Dann erlag ich während meines kargen Monats einer ganz falschen Annahme: Wer selbstlos handelt, dachte ich, auf den fällt das gute Karma zurück. Keine buddhistische Schrift verspricht, dass die Folgen guter Handlungen unmittelbar eintreten. Das Gute hat Folgen, aber vielleicht erst im nächsten Leben. In der ersten Dezemberwoche, als ich mich noch an den mühsamen Alltag und geschmacksneutrale Kost gewöhnte, dachte ich, ich sei durch die Magie meiner Spendenaktion geschützt. Weit gefehlt! In einer fantasievollen Mail teilte mein Ex-Vermieter mit, dass er die Kaution für die Wohnung, aus der wir ausgezogen waren, nicht zurückzahlen würde.

Davon war ich überfordert. Ich hatte doch mein Geld gespendet und alle mussten mich unterstützen. So dachte ich, aber das war eben nur ein Gedanke. Voller Wut lag ich nachts wach. Da bereicherte sich einer an mir; ich, der meist unterbezahlt arbeitet, da stahl einer meiner Tochter das wenige Geld, das ich habe, und das alles kurz vor Weihnachten — so dachte ich. Gewaltfantasien stiegen in mir auf, die allerdings nur mich vergifteten. Warum nun diese Strafe, nachdem ich mein Geld gespendet hatte? Selbstmitleid entzieht einem jeden Mut. Gedrückt durch diese Ärgernisse, stieg der Zweifel mit jeder Scheibe gehaltlosen Brotes in mir auf. Ich lief an den Cafés vorbei, in denen ich sonst mit der Tageszeitung saß, wenn ich eine Pause hatte. Eine Zeitung kostet 2,50 Euro und ein Tasse Kaffee ebenfalls. Ich versuchte, so wenig wie möglich auszugeben, fünf Euro pro Tag waren zu viel. Meine Stimmung wurde bitter.

Meine letzte Lesereise des Jahres führte mich nach Nürnberg an die Technische Hochschule. Ich wartete auf meinen Zug und der Geldautomat informierte mich, dass ich kein Geld abheben könne. Aber warum nicht? Ich hatte versucht, so viel zurückzulegen, dass ich knapp über Null blieb und gab kaum etwas aus. Das Essen kam aus den Care-Paketen und ich gönnte mir nichts, auch keine Flasche Mineralwasser für die Fahrt. Ich hatte mir Leitungswasser abgefüllt. Irritiert schaute ich auf den Kontoauszug: Der Minusbetrag sprengte meinen Dispokredit. Das Finanzamt hatte zugeschlagen, und zwar unerwartet. Ich bin nicht nachlässig mit meinen Unterlagen, ich habe eine Steuerberaterin und widme mich, schon aus Angst, etwas falsch zu machen, akkurat diesen Formularen und Verpflichtungen. Ich stieg in den Zug, mit noch 20 Euro für zwei Tage, und hoffte, in Nürnberg zwischen Bahnhof, Veranstaltungsort und Hotel kein Taxi zu benötigen. Die Steuerberaterin hatte mir die Unterlagen, in denen die Zahlung angekündigt wurde, nicht zugestellt. In mir stieg die Panik auf. Das Finanzamt soll würdigen, dass ich meinen Lohn selbstlos spende und vorher bitte anfragen, wann ich wieder fähig bin, meine Steuern zu zahlen! Ich überlegte, ob ich dort anrufen solle, aber wahrscheinlich würde ich mich nur lächerlich machen. In Nürnberg bestand der berühmte Weihnachtsmarkt vor allem aus Rostbratwurstständen, für einen Vegetarier ohne Geld keine Verlockung. Die Lebkuchen, die ich an einem Stand in die Hand nahm, sollten 10 Euro kosten. Zu viel. Ich kaufte im Discounter eine Flasche Bier und beim Bäcker eine Brezel und hatte so ein günstiges Abendessen auf dem Hotelzimmer nach der Lesung. Etwa 80 Hörer füllten den Saal. Viele ließen sich meine Bücher signieren. Vortrag und Diskussion waren gut gelaufen. Ich war zufrieden und hätte mich gern belohnt. Am nächsten Morgen wurde ich hungrig wach und eilte zum Frühstücksraum. Ich schmierte mir ein zusätzliches Brötchen, das ich in die Serviette einwickelte für die Bahnfahrt zurück nach Köln. Ich nahm noch einen Apfel vom Buffet mit und hatte das Gefühl, ich würde ihn stehlen. Ich achtete darauf, dass keiner bemerkte, dass ich Lebensmittel für die Rückreise bunkerte.

Der billige Duschkopf im Ein-Zimmer-Apartment meiner Freundin war abgebrochen und die Armatur vom

Vermieter falsch herum angebaut worden. So knickte der Schlauch immer ab, ganz unabhängig von der Länge. Da der Duschkopf nicht mehr oben einzuhaken war, konnte man dort nicht mehr duschen. Der Rückstau, wenn der Schlauch einknickte, stoppte die Zufuhr von warmem Wasser. Wir gingen also dazu über, dass einer den Duschkopf festhielt, während der andere duschte. Womit hatte ich das alles verdient? Warum spendete ich, der kaum eine funktionsfähige Dusche hat, noch mein Geld? Im einfachen Hotel in Nürnberg seufzte ich vor Glück auf, als ich das große, makellose Bad sah mit einer Dusche, die auch Menschen von meiner Körpergröße erlaubt, komfortabel zu duschen. Ich habe selten mit solcher Freude meine Zeit im Bad vertrödelt! Ich habe abends nach einem Bier und der trockenen Brezel, nach einer erfolgreichen Lesung ewig und glücklich geduscht. Und dem Schokoriegel aus der überteuerten Minibar habe ich widerstanden.

Der Welt war ganz egal, wie barmherzig ich war. Sie versetzte mir weiter Schläge wie einem, der bereits auf dem Boden liegt — wenn auch selbstverschuldet. Ja, ich war selbst auf diese Idee gekommen, ich hatte mein Geld freiwillig gespendet. Einige schrieben unverhohlen in den Weihnachtskarten an mich, dass sie das »drastisch« fänden. Zwischen den Zeilen die Botschaft, ich sei nicht mehr ganz dicht und ich solle bitte weder Hilfe noch Lob für so eine Aktion erwarten. Meine Spende störte einige eben auf die Weise, wie die Berichterstattung über die Tierhaltung den Geschmack von Billigfleisch vergiftet.

Meine Adventszeit war seltener vom Stolz auf die

Aktion gekennzeichnet. Zu oft tangierte mich der Verzicht und ich spürte beim Weg durch die Stadt, wie der Geldmangel die Möglichkeiten vernichtete. Es gab Theater, Museen, Konzerte, Platten- und Buchläden, es gab Shops und Märkte — aber sie alle waren nur Blickfang und Prüfung. Sie alle setzen voraus, dass Geld zum Ausgeben vorhanden ist. Ich gehe oft spazieren. Gehen ist eine natürliche und wundervolle Tätigkeit. Nun aber musste ich meine typischen Wege ändern, weil ich den Auslagen der Geschäfte entgehen wollte. Statt einem mir wichtigen Parcours zwischen Buch- und Plattenladen, zwischen Cafés und Schokolade vom Kiosk, lief ich nun mit einer Vermeidungsstrategie. Ich ging am Rhein entlang, durch Wohngebiete oder einfach meine geliebten Orte auf Seitenstraßen umgehend. Doch auch da verkündeten mir Plakate, was die Museen zeigten, welche Bands zum Konzert einluden und welche Filme im Kino anliefen.

Wie abhängig ich von den kleinen Belohnungen des Konsums bin, machte mich wütend. Wie glücklich mich das Stöbern in Geschäften macht, auch wenn ich gar nichts kaufe — aber eben etwas kaufen könnte — ich habe das weit unterschätzt. Ich habe unterschätzt, wie sehr die Qualität Einfluss auf den Genuss hat. Wir sind alle so lange unabhängig vom Konsum, wie wir ihm frönen. Viele sagen, das alles sei nicht so wichtig — aber eben nur so lange, wie der Alltag ohne Einschränkung abläuft, man mit den Kollegen mittags ausgeht, um zu essen, einen Kaffee bestellen kann, ohne auf den Preis zu achten und sich in einer Art Routinehandlung eine Tageszeitung kaufen darf, ohne das Tagesbudget zu bedenken.

Sobald die Routine unterbrochen wird, ändert sich vieles. Der Alltag des Verzichts kocht einen weich. Ich wollte etwas tun für die Liebe und meine Tat entpuppte sich als liebender *Kampf*.

Immer, wenn ich zu sehr verzweifelte, traf ein Care-Paket ein. Die Schokolade war ein noch größerer Genuss, seit ich keine mehr kaufen konnte. Vor allem die, die selbst viel arbeiten mussten und wenig Geld hatten, halfen uns. Da ich keine Waschmaschine habe, schrieb mir ein Freund, ich könne bei ihm waschen und müsse nicht in den Waschsalon. Übel gelaunt hatte ich dort gesessen und auf meine Wäsche gewartet. Es lungerten zwei Männer dort herum, denen ich zutraute, dass sie meine Klamotten klauten. Dann stellte ich fest, dass die polnischen Prostituierten des nahegelegenen Bordells ihre Wäsche dort auch wuschen. Grell geschminkt, in Flipflops und leicht bekleidet, eine Männerjacke über dem Kleidchen, Kopfhörer mit lautem Techno. Ich wollte nicht Teil dieser Gemeinschaft sein, dieser überhebliche Gedanke befiel mich. Dabei gingen die spirituellen Meister und Religionsstifter genau dort hin, zu den Außenseitern. Diese Menschen hatten eine Geschichte, die sie eben dort ankommen ließ, wo auch ich jetzt auf die Wäsche wartete.

Die Caritas vermittelte den Kontakt zum Dom-Radio Köln, einem christlichen Sender. Dort durfte ich Gast sein in einer zweistündigen Sendung von Angela Krumpen, in der Menschen portraitiert werden, die aus ihrem Glauben heraus handeln. Ich war stolz auf diese Einladung, die belegte, dass ich handelte. Als die Redakteurin, selbst Autorin von Büchern über die Ordensschwester Karoline Mayer, mir beim Vorgespräch in einem Kölner Café, in das sie mich einlud, anbot, mir Geld zu leihen, war ich überwältigt. Eine Frau, die ich niemals gesehen hatte und in deren Sendung ich zu Gast sein würde, wollte mir Geld leihen. Es sind diese Überraschungen, aus denen der Glaube besteht. Ich habe in der selbstgewählten Armut der Adventszeit viel zu oft geklagt, vor allem innerlich.

Beim Blick auf die Dankespostkarte des Therapiezentrums für Folteropfer, an die mein Geld ging, befällt mich das Gefühl der Scham. Wer ist es, der sich beklagt? Worüber klage ich? Meine Adventszeit bestand aus Befindlichkeiten, die mich gequält haben, aber sie sind nichts gegen das Schicksal der Menschen, die Hilfe im Therapiezentrum bekommen. Auch ich hänge an Privilegien, die das Leben hier mit sich bringt. Sie beruhen auf den Schrecken in anderen Weltteilen. Dort werden meine Turnschuhe zu billig hergestellt, dort bekommen auch die Strebsamen keine Chance, dort werden denkende und gläubige Menschen verfolgt und getötet. Im freien und wohlhabenden Köln ging ich wahrscheinlich auch klagend und übellaunig an Menschen vorbei, deren Seele für lange Zeit durch Folter und Vertreibung beschädigt worden ist — und die wären glücklich, nur meine Sorgen zu haben. Wenn ich ihnen auch nur eine Stunde finanziert habe, in der sie mit Therapeuten und Seelsorgern sprechen konnten, hat sich meine karge Adventszeit gelohnt. Ich würde es also wieder tun. Ich werde weniger klagen.

Umtausch / nicht gestattet

Weihnachten naht, haben Sie schon alle Geschenke? Für viele Menschen sind die letzten Wochen vor dem Fest gekennzeichnet durch die Jagd nach materiellen Gütern. Schenken bedeutet heute oft: einkaufen gehen. Bereits Ende der 1950er Jahre dachte der Philosoph Theodor W. Adorno darüber nach. Auch wer über die Advents- und Weihnachtszeit hinweg nichts empfindet, der sieht sich mit der Aufgabe konfrontiert, andere zu beschenken. Es ist eine der Praktiken, die man allein schon deshalb ausführen muss, um nicht aufzufallen. Obwohl Weihnachten für Atheisten immer wieder eine harte Probe ist, werden auch sie Freunde, Eltern und Kinder beschenken, meist sogar »von Herzen«. Hinter der sozialen Konvention steckt aber auch eine Sinnebene, über die heute wenig nachgedacht wird. Wer in ein Englischwörterbuch schaut, der findet für »schenken« den Eintrag »to give«. Der Terminus trifft den Kern, es geht hier um das Geben. Adorno muss man sich als einen Menschen ohne Haut vorstellen. In einem bedeutenden Werk der Philosophie des 20. Jahrhunderts, »Minima Moralia« von 1951, präsentiert der Autor seine »Reflexionen aus dem beschädigten Leben«.

Sie sind weder eine systematische Ausarbeitung zu einem bestimmten Thema, noch enthalten sie ein geschlossenes System oder eine Grundthese.

Adorno treibt Philosophie in einem ganz poetischen Sinne: Bruchstückhaft, stilistisch glänzend verfasst und nachhaltig irritierend. Das Buch ist getragen von einer sensiblen Melancholie, die davon auszugehen scheint, dass es das »richtige Leben« nicht mehr gibt. Das Bruchstück mit der Nr. 21 hat mich immer fasziniert und angetrieben, vor allem in der Adventszeit. Der erste Satz lautet: »Die Menschen verlernen das Schenken.« Diese Diagnose alarmiert jeden, der gern schenkt. Adorno spielt auf die Verletzung des Tauschprinzips an, denn Schenken ist ursprünglich eine ganz einseitige Sache. Schenken erzeugt ein Unwohlsein: Wir sind gewöhnt, dass man nur etwas gibt, wenn es dafür auch etwas zurückgibt. Die Verbindung von Geben und Nehmen ist so sehr Alltag geworden, dass es uns Angst macht, wenn wir zweckfrei etwas annehmen sollen. Der Satz kam mir ins Gedächtnis, als ich neulich ein hübsches tragbares Radio mit Kopfhörern als Werbegeschenk bekam. Eine für mich unnütze Sache, aber vielleicht für ein Kind toll. Ich habe versucht, es auf der Straße zu verschenken, die Kinder wollten es nicht annehmen, weil sie glaubten, sie müssten etwas für mich tun und seien mir gegenüber dann verpflichtet. Schließlich habe ich das Radio auf einen alten Bonbonautomaten vor dem Kindergarten gelegt. Als ich zurückkam, war es weg. Um es loszuwerden, musste ich das Schenken in beziehungsloses Finden verwandeln.

Als Adorno seinen Text in den 1950er Jahren schrieb, wäre das wahrscheinlich nicht passiert. Er ahnte aber wohl, dass die marktförmigen Tauschbeziehungen etwas sind, was sich in unsere tiefen psychischen Strukturen einschreibt. Der Beweis für diese heraufziehende Veränderung ist die Erfindung des »Geschenkartikels«. Ihm fällt daran auf, dass hier nur die Funktion im Vordergrund steht und es zur Nebensache wird, wer beschenkt wird. Der Geschenkartikel markiert die Entpersonalisierung des Schenkens. Über solche Gedanken mögen die nur den Kopf schütteln, die vormittags am 24. Dezember in die Parfümerie eilen, um ihrer Frau im letzten Moment schnell noch ein teures Geschenk zu kaufen.

Aber Adorno war kein Pragmatiker, er war ein durch und durch alteuropäischer Philosoph, und er spürt dem nach, was im leichtgängigen Alltag unsichtbar bleibt. Adorno setzt den Missständen eine tiefsinnige Definition des Schenkens entgegen: »Wirkliches Schenken hatte sein Glück in der Imagination des Glücks des Beschenkten. Es heißt wählen, Zeit aufwenden, aus seinem Weg gehen, den anderen als Subjekt denken: das Gegenteil von Vergesslichkeit. Eben dazu ist kaum einer mehr fähig.« Es ist eine provozierende Definition, weil sie auf ein gegenwärtiges Problem hinweist. Nicht finanzielle Beschränkungen machen das Schenken schwer, Adornos Vorschlag ist völlig geldunabhängig, sondern die Zeitknappheit. Die beschleunigte Welt hat keine Zeit mehr. Und die Zeit, die es gibt, ist zudem an die Tauschbeziehungen gekoppelt. Wir müssen nämlich heute selbst Sozialbeziehungen daraufhin befragen, ob sie berufliche

Vorteile bringen könnten, also ob sie ein Beitrag zum professionellen *Networking* sind.

Die Empfänger von Geschenken sind zwar (wieder) bewusst ausgewählt, aber nur als Funktionsträger im eigenen Beziehungsnetz. Das Prinzip der Funktion hat sich durchgesetzt, man muss die Eltern beschenken, den Partner, die Geschäftspartner, aber kaum noch individuelle Subjekte. Auch die Geschenkbeschaffung ist oft nichts als ein lästiger weiterer Punkt auf einer vollen To-do-Liste. Der Pessimismus mancher Philosophen ist durchaus aufrüttelnd gemeint. Nicht alles, was ist, muss so bleiben. Gibt es vielleicht einen Ausweg?

Im Kleinen vielleicht — und immerhin heißt es in Adornos Reflexionen auch: »Keine Verbesserung ist zu klein und geringfügig, als dass man sie nicht durchführen sollte.«

Eine Chance, die Aufmerksamkeit für das Schenken wieder zu wecken, bietet der Regelverstoß. Vielleicht könnte man, und irgendwie sollte man dem Adornoschen Pessimismus schließlich entgehen, neben den Funktionsgeschenken auch eine zweite Gattung erfinden: die Überraschungsgeschenke. Eigenes und fremdes Unwohlsein muss man dabei überwinden. Das dürfen keineswegs kostspielige Dinge sein, sondern vielleicht symbolhafte. Blumen, ein Taschenbuch, eine Schallplatte, eine gute Schokolade oder eine Packung Grüntee? Damit müsste man losziehen und es genau denen schenken, die es niemals erwarten. Dabei sind schräge Ideen und Mut gefragt: bei einem Nachbarn klingeln, den man nicht kennt, die Verkäuferin beim Bäcker oder eine beruflich entfernte

Person. Was einen dabei tragen würde, wäre tatsächlich nur die »Imagination des Glücks des Beschenkten« — also ganz schön viel. Und selbst die Zeitressourcen sind in den Griff zu bekommen. Die größte Irritation dürfte vielleicht entstehen, wenn man ein Buch von einem Philosophen verschenkt …

Fluch des heiligen Lärms

Weihnachten und Silvester sind vorüber, nun bin ich ertaubt. Es sind außerordentlich laute Feste. Die Stille Nacht ist ohrenbetäubend und der Startschuss zu Neujahr zu laut. Wie konnte es dazu kommen?

Der Ethnologe Claude Levi-Strauss hat die These aufgestellt, die Welt des Sakralen und der Lärm stünden in enger Verbindung. Ob Kirchenglocken, Klangschalen oder die Trommeln archaischer Riten — Klänge weisen den Weg durch die Glaubensräume. An Silvester, ein heidnisches Fest, werden weltweit Raketen verschossen und Böller gezündet. Damit sollen böse Geister vertrieben werden, an die selbst die Feuerwerker nicht mehr glauben. Dieses Jahr durfte ich Weihnachten im Kölner Dom sein. Als der Kinderchor aber »Stille Nacht — Heilige Nacht« anstimmte, dachte ich mir: Von wegen! Keiner schläft, nirgends Stille!

Die Menschen können die Stille nicht mehr aushalten. Davon waren die Religionen wahrscheinlich immer gut unterrichtet. Sie gewannen Mitglieder, weil sie die Ruhe vertrieben. Kulminiert ist diese Tradition leider in einem Alltag, in dem das Schweigen als Peinlichkeit, ja sogar als etwas Unhöfliches im Umgang empfunden wird. Ich möchte mich entschieden gegen diese Tradition stellen. Das Dauergerede, die Dauerbeschallung und die allgemeine Unruhe sind etwas, das mein Wohlbefinden und meine Konzentration bedroht. Ich habe mir schon verschiedene Strategien ausgedacht, um ihnen zu entgehen. Erfolgreich war leider keine. Ich glaube, hier lauert der Generationenkonflikt der Zukunft.

Irgendwann kam es so weit, dass ich begann, während einer Autofahrt die Mitfahrenden »um Ruhe zu bitten«. Zumindest die letzten zehn Minuten wollte ich der Stille zuhören dürfen. Wie ein Oberlehrer kam ich mir dabei vor, der eine Klausur beaufsichtigt. Aber schon die Formulierung macht stutzig: Wie man Menschen um ein Gespräch bitten kann (eher selten), so kann man auch »um Ruhe bitten« (noch seltener). »Ruhe bitte!«, so ein Schild hängt in der Bibliothek, in die ich manchmal flüchte. Das Schild hängt auch in den »Ruhezonen« deutscher ICEs, in denen man zwar Plätze reservieren kann, die aber von Ignoranten bevölkert werden. Sogar die sonst gern regeltreuen Deutschen sind hier die reinsten Barbaren. Deutsche sind leider meist dort lottrig, wo die Form wichtig wäre, und eher zwanghaft, wenn es um Unwichtiges geht. Neben mir im Zug saß einmal eine alte Frau, die über zehn Minuten in ihr Telefon brüllte, sie dürfe leider hier nicht telefonieren. (Sie können sich denken, was für Fantasien in mir tobten.)

Woran liegt es, dass Erwachsene nicht ruhig sein können und bleiben wie brabbelnde Kinder? Die schlafen bekanntlich am besten, wenn sie laute Stimmen aus dem Nebenzimmer hören. Der Lärm beweist ihnen: Ich bin nicht allein. Nun sehne ich mich oft in die Wiener Kaffeehäuser, in denen sich die schicken Österreicher maximal weit auseinander setzen, um unter anderen beruhigt allein sein zu dürfen. Ich finde das eine gelungene Art, erwachsen zu sein. Dort quatscht man nicht, kein Geplapper (und meist keine Musik). Fraglos existieren Inseln der Ruhe, auch in den Städten. Gäbe es keine Kirchen, in denen man unbemerkt in der Stille sitzen könnte, und hätte ich kein Büro für mich allein, ich wäre lange verrückt geworden. Jedenfalls ergaben meine Recherchen wenig. Nur eine ältere Frau sagte plötzlich: »Ja, also wir sind so erzogen worden, es ist unhöflich, nicht zu reden!« Mal abgesehen davon, dass man sein Fehlverhalten nie mit der eigenen Erziehung rechtfertigen sollte — die Erkenntnis um die ungute Prägung sollte einen schließlich wieder davon befreien —, scheint der Hang zum Lärm und zum endlosen Belasten der eigenen Stimmbänder anerzogen worden zu sein. Die Vielredner sind also verzogene, missratene Menschen, in denen sich egotrope Kommunikationsmuster verankert haben. Das bedeutet: Sie reden, um die Stille zu vertreiben, nicht weil etwas zu sagen wäre; sie reden zu sich, nicht, um einen Dialog zu führen. Das ist eine unheilige Realität, der keiner entgehen kann.

Nun ist eine ältere Generation gleich mehrfach in der Gefahr, zu viel zu reden. Zum einen geht es um die Deutungshoheit in Familien. Zum anderen können sie ihren Mitteilungsdrang etwas seltener über neumodische soziale Netzwerke ausleben. Aber sie holen natürlich auf: Die Anzahl der WhatsApp-Nachrichten, blöden Filmchen, Karikaturen mit zweifelhaftem Humor, den meine Verwandtschaft sendet, nimmt leider zu. Gut daran: Ich bekomme weniger Anrufe, die keinen Anlass und keinen Inhalt haben. Ich bekomme nun redundante Digitalfotos.

Die jüngere Generation ist in der »Erlebnisgesellschaft« aufgewachsen, einer soziologisch anderen Formation, in der weder Geld noch Verwandtschaft noch Herkunft uns zusammenführen, sondern gemeinsame Neigungen. Wer Interessen mit seinen Kommunikationspartnern teilt, muss viel weniger reden. Man weiß einfach, wie gut ein bestimmtes Album von Pink Floyd ist, man muss nicht über die Qualität von Van Gogh streiten, man neigt zu bestimmten politischen Richtungen und muss sich das nicht laufend bestätigen. Nun bringt uns das Leben aber viel in Kontakt mit Menschen, mit denen wir nichts teilen oder nur wenig. Und dennoch sind wir ihnen beruflich, familiär, jedenfalls in Verantwortungszusammenhängen ausgeliefert. Man redet dann nicht nur mehr, sondern auch aneinander vorbei. Das ist schade, aber wohl nicht zu ändern. Es wäre nur zu ändern durch eine neue Kultur, eine weltliche Kultur des Schweigens — der nicht-peinlichen Ruhe, des Beieinanderseins in wohlwollendem Einverständnis. Das Schweigen ist heiliger als der Lärm, die stille Nacht ist stiller als die anderen. Wer laut ist, der hat Unrecht. »Wer weiß, spricht nicht, wer spricht, weiß nicht«, heißt es im Zen. Ich habe oft den Eindruck, das ganze Geplapper trennt mich von den Menschen ab. Vielleicht wird man eines Tages dafür geschätzt werden, dass man ruhig sein kann. Ruhig, zufrieden, froh und verbunden.

Das gesunde Maß / an Intoleranz

Wer mitfühlend und liebend handeln möchte, der ist am Wohl seines Nächsten interessiert. Liebende sind motiviert von gegenseitiger Fürsorge. Dass die auch zur Qual werden kann, weiß jeder, der Anderen dabei zuschauen muss, wie sie sich mutwillig Schaden zufügen. Liebe wird damit zu einer der größten Herausforderungen: Sie hört schließlich nicht auf, nur weil Andere anders handeln, als wir es uns wünschen. Sie tritt dann auch als Konkurrentin eines anderen Wertes auf: zu dem der Freiheit. Jeder hat zum Beispiel die Freiheit, sich maßlos zu überfordern. Menschen halten sich nicht an das Drehbuch, das wir für sie geschrieben haben. Sie tun einfach, was sie wollen. Aber wie lässt sich das aushalten, wenn wir ihnen nur das Beste wünschen? Wie können wir damit umgehen?

Ich stehe an der Kasse des Supermarktes und schaue zu, wie die Frau vor mir ihre Einkäufe auf das Band legt. Billigfleisch, Billigeier, überzuckertes Müsli, Limonade, zwei Flaschen Schnaps und drei Packungen Zigaretten. In mir steigen missbilligende Gedanken auf. Warum finanziert diese Frau die Quälereien der Massentierhaltung? Warum isst sie ungesunde, nur noch mehr Hunger erzeugende Lebensmittel der am Kommerz interessierten Lebensmittelkonzerne? Warum kauft sie so viel Fusel? Wird sie ihrem Kind diese Zuckerbomben zum Frühstück servieren? Wäre ich mutiger, würde ich sie ansprechen — ja zur Rede stellen! Was fällt ihr überhaupt ein? Mit schlechter Laune sehe ich sie ihre Einkäufe einpacken und gehen.

Ich habe sie nicht angesprochen, weil ich weiß, mir steht das nicht zu. Die Menschen sind frei, sollen entscheiden und tun, was sie für richtig halten. Auch wenn es falsch ist. Sie wird das Fleisch einer von Antibiotika am Leben gehaltenen, mit Tiermehl gefütterten, gequälten Kreatur essen — sie wird dieses Leid in sich aufnehmen. Dahinter steckt echtes Leid. Und es hat Folgen, wenn wir das ignorieren. Die eigenen destruktiven Emotionen werden stärker, weil alles mit allem zusammenhängt, wie der Zen-Meister Thich Nhat Hanh schreibt. Ich bin davon überzeugt, dass ich recht habe mit meinen Bedenken, mit meiner Sorge. Aber die Anderen sind frei und ihre Freiheit würde ich auch verteidigen, wenn sie mir gegen den Strich geht. Ich verstehe dennoch nicht, warum es legal ist, dass Tiere in diesem Ausmaß gequält werden. Ein derart niedriger Preis für tierische Produkte ist ein Verbrechen, denke ich. Andere denken das nicht, es ist ihnen gleichgültig.

Wie soll man das aushalten? Man sieht Freunde langsam zu Alkoholabhängigen werden, man sieht Menschen sich überarbeiten, bis sie zusammenbrechen. Sie haben die Freiheit dazu, und die ist eine der Errungenschaften der Moderne. Ich bin für diese Freiheit und leide doch auch an ihr. Mit dem Senden von Appellen an andere, mit dem Moralisieren, bewegt man sich auf einem schmalen Grat. Mit jedem Appell betreten wir das Königreich eines Anderen, schrieb sinngemäß ein berühmter Kommunikationspsychologe. Vorsicht ist geboten. Habe ich das Recht, Anderen hineinzureden in ihr Leben? Meine Eltern, konservativ, aber sehr tolerant, brachten mir bei: Wir bewerten dein Leben nicht — aber bitte bewerte auch unseres nicht. Das hat zu einem Waffenstillstand zwischen meinem an Albert Schweitzer orientierten vegetarischen christlichen Leben und meinem nichtgläubigen Vater, der Jäger ist, geführt. Er hat recht: Ich kann nur für mich, nicht für ihn entscheiden.

Aber nicht bei allem ist Zurückhaltung geboten. Um jeden, der sich selbst misshandelt, gruppieren sich Menschen, die Probleme bagatellisieren. Die früh verstorbene Sängerin Amy Winehouse ging zu spät und zu inkonsequent in eine Suchtklinik: Weil sowohl ihr eigener Vater als auch ihr Freund davon abrieten — das sei alles nicht so schlimm, weder mit Alkohol noch mit Kokain noch mit Bulimie … man muss sich das vorstellen! Der Vater, der vor allem am großen Geld interessiert war, rät der eigenen Tochter vom Drogenentzug ab. Es ist schwer auszuhalten. Aber es ist eine Mahnung: Sobald sich Andere auf Abwegen befinden, wird die sonst gebotene Toleranz zur Mitschuld. Dahinter steckt oft das Bedürfnis nach Harmonie: Wir übergehen die Probleme im engen Umfeld, weil wir nicht abgelehnt werden wollen. Mit den eigenen Eltern, dem Partner, den Kindern ernsthaft zu streiten, den Kontakt abzubrechen oder das überhaupt anzudrohen, dies gehört zu den drastischsten Schritten, die man tun kann. Dennoch: Falsche Harmonieliebe fördert die Selbstzerstörung des Nächsten.

Um auf dem schmalen Grat zwischen respektvoller Toleranz und mutiger Intervention nicht zu straucheln, bedarf es einer Art »Unterscheidung der Geister«. Man müsste die eigene Intuition, dann die Vernunft und schließlich Fachleute befragen, um herauszubekommen, welcher Weg heilsamer ist. Das Stillschweigen ist im Alltag oft gefordert; ich darf nicht die Menschen im Supermarkt beschimpfen, weil ich selbst versuche, achtsamer zu konsumieren. Aber ich habe das Recht, meine Rolle als Zuschauer zu verweigern, wenn Menschen sich durch Drogenmissbrauch oder ähnlich drastische Verhaltensweisen zugrunde richten. Die Gefahren zu ignorieren, wird sich rächen. Wie wird der Vater von Amy Winehouse heute über sein Verhalten urteilen? Seine Tochter ist tot. Sie ist tot, weil statt klarer Worte und helfender Hände die Geldgier und die Harmoniesucht das Steuer übernommen haben.

Es gibt im Alltag wenig verlässliche Gradmesser für die Einschätzung autoaggressiven Verhaltens. Es gibt nur Einzelfälle. Diese immer wieder neu mit sich und mit anderen zu diskutieren, klärt die Sicht. Wer schließlich über Ich-Botschaften seine Sorge äußert, der wird angehört. Er wird zwar zur Nervensäge für sein Umfeld, aber zu einer, deren Motiv die Nächstenliebe ist. Christen sollten nicht mitverantwortlich für den Untergang anderer sein, nur weil sie die Harmonie zu sehr lieben und Streit vermeiden wollen. Streit kann heilsam sein, er kann die Augen öffnen und er zeigt die eigene Abgrenzung vom destruktiven Verhalten. Manchmal lösen wir uns aus der Mitschuld, wenn wir protestieren. Dass man sich dabei auf die schlechten *Handlungen* des Anderen bezieht und nicht die ganze Person verurteilt, macht einen zum Menschenfreund. Es ist wichtig, die Türen offen zu halten, jeder Mensch kann sich jederzeit ändern. Aber erst ein *gesundes Maß an Intoleranz* lässt das Gefühl der Sorge zu etwas werden, das in das Leben Anderer heilsam eingreift.

Die Kunst sich abzugrenzen

Ganz unterschiedliche ethische und religiöse Lehren fordern uns auf, die Bedürfnisse anderer wahrzunehmen, mitfühlend und einfühlend zu agieren. In einer Welt, in der die Missstände nicht zu übersehen sind, leuchtet das ein. Aber betrifft das in gleicher Weise auch unseren Alltag? Auch dort bemühen wir uns in der Familie und Verwandtschaft, in Beziehungen und Freundschaften um gute Gemeinschaft, damit der Zusammenhalt gewahrt bleibt. Dabei lässt sich die Gemeinschaft mit anderen Menschen auch von einer ganz anderen Seite aus betrachten: Wie gehen wir mit den Verschiedenheiten um, die kein Konsens glättet? Wie halten wir die Zumutungen des Umfeldes aus? Wie bleiben wir uns selbst treu, wenn um uns herum Konflikte stattfinden und überzogene Erwartungen uns quälen?

Mir fällt es schwer, mich konsequent abzugrenzen. Erwartungen bedrohen auf stille, aber vehemente Weise meine Autonomie; sie schränken meine Freiheit ein. Das allein kann übellaunig machen. Es fällt mir schwer, wenn um mich herum miese Stimmung herrscht, wenn ich die

Anspannung anderer spüre. Ich gönne mir gern eine Pause im Café, aber manchmal erstickt die dicke Luft zwischen Kellnern meine Pause. Obwohl ich gar nichts mit der Sache zu tun habe, sondern einfach nur Gast bin, steckt mich die trübe Stimmung an. Bleibt nur eins: sich entziehen. Empfindliche und vor allem kreative Menschen sind gern allein. Das hat verschiedene Gründe: Zum einen sind Stille und Einsamkeit ideal, um sich konzentrieren zu können. Zum anderen stört keiner. Wir feiern oft die Errungenschaften des sozialen Umgangs, übersehen aber auch, wie voll und überfüllt heute alles ist. Nicht jeder hat das Glück, allein sein zu dürfen. Wir werden morgens wach, Kinder, Partner, Haustiere sind da, wir fahren mit anderen in öffentlichen Verkehrsmitteln zur Arbeit, dort die Kollegen, mittags gehen wir gemeinsam essen, abends geht es zurück — und kaum eine Minute hatte man für sich.

Das Alleinsein ist eine knappe Ressource geworden. Ideal wäre es, wenn sich Geselligkeit und Rückzug in einem gesunden Rhythmus abwechselten. Von beidem können wir zu viel oder zu wenig haben. Während man aber das Alleinsein üben kann, zum Beispiel im Gebet, in der Meditation oder ganz gewöhnlich in der Gesellschaft eines guten Buches, beim Joggen oder Radfahren, so schwierig gestaltet sich das gewöhnliche Sozialleben. Viele große Künstler waren Eremiten oder sogar Misanthropen, weil sie ihre Kreativität verteidigen mussten gegen Störung. Thomas Bernhard schrieb, andere Menschen existierten ja generell nur, um einen zu stören. In einem Roman von Arno Schmidt radelt der Protagonist einsam durch eine vom Krieg ausgelöschte und menschenlose Welt und ist heilfroh, dass er ungetrübte Ruhe zum Schreiben hat — Leser seien überschätzt und Menschen nicht nötig. Das Fahrrad und die Heidelandschaft reichen ihm aus. Es sind krude, ironische, zum Teil zynische Fantasien.

Andere Menschen werden uns zur Belastung, wenn sie uns als überaus nervige Zeitgenossen begegnen: narzisstisch gestörte, krankhaft egozentrische, zu laut und pausenlos daherredende, nicht zuhörende, uns ungefiltert ihre schlechte Laune zumutende oder mit drastischen Erwartungen überziehende Gesellen. Die Welt ist voll davon. Wir können ihnen vorwerfen, wie sie sind. Aber wir können sie nicht ändern, sondern nur unseren Umgang mit ihnen. Wir müssen also lernen, uns abzugrenzen, ohne uns abzuschotten. Aber wie?

Mir fällt das schwer. Ich muss mich darin üben; oft entziehe ich mich. Aber diese Lösung ist nicht dauerhaft. Ich bin kein Eremit. Es wird eine Geschichte von Buddha erzählt, die zeigt, dass es sich um ein sehr altes menschliches Problem handeln muss. Ein konkurrierender indischer Gelehrter kam zu Buddhas Vorträgen, störte diese durch unflätige Zwischenrufe, versuchte ihn aus der Reserve zu locken und wütend zu machen. Buddha reagierte darauf nicht, er blieb ruhig. Erschöpft von den eigenen Angriffen kam der Gelehrte nach dem Vortrag zu Buddha und fragte ihn, warum er nicht wütend werde. Buddha fragte zurück: »Wenn du irgendwo eingeladen bist und bekommst Essen angeboten, lehnst es aber ab —

wem gehört das Essen?« Es ist ganz einfach: Das Essen gehört immer dem, der es anbietet. Und der Ärger gehört immer dem, der ihn verbreitet. Buddha wies darauf hin, dass die Entscheidung, etwas anzunehmen, bei einem selbst liegt. Wenden wir dies auf die Attacken Anderer an, eröffnet sich die Option, die Annahme zu verweigern. Dazu muss man sehr ruhig sein, man darf nicht vergessen, dass ein Angriff zuerst einmal etwas über den Angreifer und nicht über das Ziel sagt. Die Ablehnung der schlechten Laune anderer, die Ablehnung von Zumutungen und Erwartungen macht handlungsfähig. Sie imprägniert uns, solange wir ruhig bleiben.

Es gelingt mir nicht immer, aber etwas öfter als früher. Ich rufe mir die Geschichte immer wieder ins Gedächtnis, sie ist ein Schutzschild. Ich versuche, mit ihr im Kopf eine Grenze in mir zu ziehen, an der die Pfeile anderer abprallen. Es gibt Schützen, die werden dann schnell müde. Würde ich zurückfeuern, verwandelte sich ein kleiner schnell in einen größeren Konflikt. Ich muss mich im Alleinsein nicht üben, aber im sozialen Umgang. Und je besser mir die Abgrenzung gelingt, desto lieber sind mir andere Menschen. Es liegt oft gar nicht an anderen, es liegt an meiner Verfassung, ob ich sie gut aushalte. Menschen, die sich zu krass oder gar nicht abgrenzen, sind oft hypersensibel. Sie nehmen Unwichtiges wichtig, sie nehmen zu viel persönlich. Die Perspektivumstellung ist ein Geheimnis guter Abgrenzung: Sobald Mitmenschen anstrengend werden, muss man umso dringender bei sich bleiben, um nicht außer sich zu geraten. Zur Aufregung der Anderen sollte nicht die eigene Aufregung noch hinzukommen. Ruhig zu bleiben, wenn andere Menschen sich aufregen, auch das kann anstecken. Und wenn sich der scharfe Wind wieder gelegt hat, weht ja oft ein ganz angenehmes Lüftchen.

Schlafläuse

...

»Im Einschlafen bin ich immer schlecht gewesen«, einer der faszinierenden Sätze aus »Erinnerung, sprich« von Vladimir Nabokov. Was nützt die Müdigkeit, wenn man nicht einschlafen kann? Sich drehen, irgendwo juckt meine Haut, mir ist zu kalt und dann zu warm. Sie habe *Schlafläuse*, sagt meine Frau immer, wenn sie in diesen Zustand gerät. So nannte ihre Oma das nervöse Nichtschlafenkönnen. Ich stelle sie mir vor: kleine, niemals schlafende Tierchen, die unter meiner Haut herumkrabbeln und mich quälen. Es ist dunkel, aber nicht ganz, durch die Rollos fällt flackerndes Licht. Der Hörsinn steigert sich: Ich höre einem Wassertropfen zu, der laut vom Baum fällt.

Ich glaube, alle nachtaktiven Tiere zu hören. Igel, Spinnen, Eichhörnchen, eine umherschleichende Katze. Schließlich stehe ich auf und schlurfe müde in die kalte Küche. Es gibt noch diese alte Packung Beuteltee, der sich »Schlaf- und Nerventee« nennt. Ich koche mir also beruhigenden Tee, obwohl ich gar nicht unruhig bin. Ich habe keine Sorgen, mich über nichts aufgeregt, ich finde keinen Grund, warum ich nicht schlafen kann — und ohne Begründung ist alles schrecklich. Es ist, wie es ist, auch wenn wir keine Gründe finden. Der Tee zieht unverschämte 15 Minuten. (Während ich diesen Text schreibe, kratzt plötzlich der Füllhalter übers Papier, die Patrone ist leer. Als sei sogar mein Füller müde! Ich nehme also den Bleistift.) Der Kühlschrank surrt, schüttelt sich und ist still — nun bin ich der Einzige, der nicht schläft. Keine Sterne zu sehen, es regnet. In den Nachbarhäusern nirgends Licht, es ist 20 Minuten nach drei. Vom Tisch auf der Terrasse tropft Wasser, und sogar das macht ein Geräusch. Vielleicht sollte ich einen Espresso trinken, dann wird die Nacht zum Tag. Aber in mir steigt die Angst auf, morgen vor Müdigkeit kaum arbeiten zu können. Ich ärgere mich sogleich über diese Angst, weil, wer Angst hat, der kann nicht schlafen. Vielleicht finde ich Tee, der sich »Angst-Tee« nennt. Dieser ewig ziehende, geduldige Tee. Noch immer ist die Viertelstunde nicht um. Ob die Uhr stehen geblieben ist? Ihr lautes Ticken ist das einzige Geräusch in der Küche. Das Gehirn scheint nachts ganz anders zu arbeiten. Meine Gedanken kreisen, verfangen sich im Negativen, mir will nichts Amüsantes einfallen. Ich will um sechs Uhr aufstehen. Ich mag frühes Aufstehen, aber vorher schlafe ich gern. Sonst verwandelt sich die Bedeutung der Zahlen auf der Uhr nämlich. Um sieben schmeckt das Frühstück nicht, weil es sich wie ein Nachtessen anfühlt, um zehn ist man immer noch nicht wach und am Nachmittag entfaltet sich die giftige Wirkung der Überdosis Kaffee. Nicht einmal die Leidensmilderung durch Schokolade hilft: Zucker macht nicht wach, er dreht einen nur ungehörig auf und lässt einen dann ganz tief fallen, weit unter die Schlafgrenze. Ich nehme mir einen Löffel Honig, weil ich gelesen habe, dass man dann gut schläft. Aber ist nicht viel Zucker im Honig?

Meine Gedanken machen, was sie wollen, aber nicht, was ich will. Müdigkeit ist der Hang zur Faulheit ohne vorhergehenden Schlaf, denke ich. Ich könnte Kant-Zitate sinnlos variieren und sie im Facebook posten. Was für eine Nacht! Das Licht von Monitoren oder Displays stört den Schlaf, ich greife also nicht zum Smartphone, lasse den Computer aus; ich würde sowieso nur arbeiten. Ich gehe zum Bücherregal. Der Blick über die Namen der Autoren erinnert an eine Riege der Schlaflosen. Tagebuch, Thomas Mann: »... schlecht geschlafen.« Kein guter Schriftsteller hat glückliche Nächte seligen Schlafes geschildert. Warum nicht? Ich werde meinen Beruf wechseln! Wenn Autoren generell schlecht schlafen, dann bewerbe ich mich lieber bei der Stadtreinigung, denke ich. Alle schlafen, aber ich sitze in der kalten Küche und warte auf einen beruhigenden Tee, der unverschämt lange zieht. Ich will auch schlafen! Aber wollen kann man das nicht.

In »paradoxen Interventionen« raten Therapeuten ihren schlaflosen Patienten, sie sollten versuchen, so lange wie möglich wach zu bleiben — damit sie schneller einschlafen. Zu so einem Versuch kann ich mich nicht durchringen. Gleich klingelt der Wecker — und der Gedanke, nicht geschlafen zu haben, macht mich jetzt schon viel müder als der tatsächliche Schlafmangel. Ich kann es nicht leiden, wenn ich nicht schlafen kann und dafür keinen Grund finde. Es nimmt philosophische Dimensionen an: Ist das ein Test? Zeigt mir da eine übersinnliche Macht, dass der Mensch eben nichts machen kann, wenn er nicht schlafen kann? Oder ist es sogar eine Strafe, geht es mir zu gut? »Mehr Rotwein!«, denke ich plötzlich. Aber allein für mich um halb vier eine Flasche öffnen? Und wohin mit diesem unendlichen Kräuteraufguss, der mir Schlaf bringen soll? Ich öffne die Flasche nicht, weil ich nicht weiß, worauf und mit wem ich anstoßen soll. Ich nehme mir das Tagebuch von Franz Kafka, um mich garantiert zufriedener zu fühlen als der Autor. Am 2. Oktober 1911 notiert er:

»Schlaflose Nacht. Schon die dritte in einer Reihe. Ich schlafe gut ein, nach einer Stunde aber wache ich auf, als hätte ich den Kopf in ein falsches Loch gelegt. Ich bin vollständig wach, habe das Gefühl, gar nicht oder nur unter einer dünnen Haut geschlafen zu haben, habe die Arbeit des Einschlafens von neuem vor mir und fühle mich vom Schlaf zurückgewiesen. Und von jetzt an bleibt es die ganze Nacht bis gegen fünf so, dass ich zwar schlafe, dass aber bald starke Träume mich gleichzeitig wachhalten. Neben mir schlafe ich förmlich, während ich selbst mit Träumen mich herumschlagen muss.«

Nicht oft fühle ich mich so verstanden. Aber was tun? Endlich darf ich den medizinischen Tee trinken, der durch seinen abschreckenden Geschmack suggeriert: Geh lieber wieder zu Bett! Ich hole mir einen Block und beginne, über die Schlaflosigkeit zu schreiben. Nun mag ich mein Leben als Autor wieder. Alles kann zur Gelegenheit werden, über alles kann man schreiben. Andere schlafen, ich nicht. Und der erste gute Gedanke schließt in meinen Kopf: Sobald der Text beendet ist, werde ich müde sein. Und endlich schlafen gehen. Es ist immer wieder einen Versuch wert.

AUFBRUCH

Üben und / Dranbleiben

»Man kommt ja ohnehin wieder zum Ausgangspunkt zurück, also warum sollte man überhaupt erst woandershin aufbrechen?«, fragte einmal Malcolm Young, der Gründer einer Rockband, die seit Mitte der 1970er-Jahre eine Idee verfolgt und sich jeder modischen Entwicklung verweigert hat. Im letzten Jahr spielte AC/DC in Köln vor 70 000 Zuschauern, drei Generationen im Publikum, aus allen gesellschaftlichen Schichten. Das irritierende Zitat hat also mehr Gehalt als auf den ersten Blick ersichtlich. Malcolms Bruder, der Gitarrist Angus Young, bringt ihn auf den Punkt: »Wir wissen, wer wir sind. Wir sind Rock'n'Roll.« Die Weigerung, woanders hin aufzubrechen, darf nicht gleichgesetzt werden mit Entwicklungsverweigerung oder Erfahrungsverzicht. Die provozierende Aussage des Rockmusikers kann heute vielmehr als mahnender Hinweis gelesen werden, lieber bei einer Idee, einer Technik oder einer Sache zu bleiben und diese zu vertiefen, statt sich laufend zu verzetteln. *In der Tiefe, der Qualität, steckt das Geheimnis, nicht in der Quantität.*

Der Zeitgeist scheint dem so sehr entgegenzustehen, dass eine unzeitgemäße Betrachtung dazu angebracht ist: Heute suchen Menschen den permanenten Anfang, weil dem ein Zauber innewohnt. Aber der wahre Grund ist oft ein anderer: Am Anfang machen Tätigkeiten meist Spaß, wir machen schnell Fortschritte. Und in dem Augenblick, in dem wir bemerken, sie wird zur Anstrengung, hören wir wieder damit auf. Die Ungeduld treibt uns von einer Tätigkeit zur nächsten. Wir wollen alles können, aber nichts üben. Wir widmen uns ein halbes Jahr dem Gitarrespielen, beginnen dann mit dem Zeichnen oder lesen Philosophie-Bücher. Eine Zeit lang gehen wir ins Theater, wechseln schließlich zum Kino und einige Zeit später kaufen wir ein Rennrad oder trainieren für einen Marathon. Wir setzen den Bohrer lieber an zehn Stellen an, um wenige Zentimeter in den Boden einzudringen, als an einer Stelle tiefer ins Erdreich vorzustoßen. So bleiben wir immer an der Oberfläche. Angetrieben durch die Unruhe der Kultur, durch die Ungeduld unseres Geistes und durch die Angst, etwas zu verpassen, tun wir mal dies und mal das, ohne dabei weiterzukommen. Am Ende haben wir es in zahllosen Bereichen zu nichts gebracht.

Im Reich der spirituellen Entwicklung breitet sich diese Unruhe ebenfalls aus. Man kann zur Bibelstunde, zum Yoga, zum Tai-Chi, in ein Zen-Dojo, zum Karate gehen, Wellness-Wochenenden buchen, in tibetische Klöster gehen oder in den All-inclusive-Urlaub. Wenn uns die Predigt missfällt, gehen wir in eine andere Kirche. Wenn uns die Konfession missfällt, wechseln wir sie. Ich finde, Wechsel können angebracht sein, jeder muss finden, was ihm entspricht. Allerdings sollte die Suche nach Spaß dabei nicht im Vordergrund stehen! Dann nämlich blockiert man die spirituelle Entwicklung in dem Augenblick, wenn sie beginnt. Wir brauchen eine hohe Toleranz für Langeweile, wenn wir verstehen wollen, warum vor allem die Zumutungen der Geistesruhemeditationen uns weiterbringen. Kontemplation und Meditation sind kein Wellness, sie sind eine Herausforderung; ihr Wert liegt gerade darin, dass in der ausgehaltenen Langeweile der unruhige Geist zur Ruhe kommt. »Zen is boring — until it is not«, lautet ein amüsantes und sehr wahres Zitat.

Was für die spirituelle Entwicklung gilt, gilt auch für die Kreativität. Ich unterrichte Designer, die ganz verschiedene Schwerpunkte wählen können. Sie probieren sich aus in Fotografie und Illustration, im Produkt- oder Kommunikationsdesign, widmen sich der Schriftgestaltung oder Filmtechniken. Entscheidend ist allerdings, dass eine Sache in den Mittelpunkt der Anstrengung rückt, damit sie jahrelang geübt werden kann — weil wir sie viele Jahre lang unermüdlich üben müssen, um sie zu beherrschen. Das unermüdliche, geduldige Üben scheint allerdings auch unzeitgemäß zu sein. Nehmen wir als Beispiel das Zeichnen: Es ist zuerst einmal ein Handwerk, das erlernt werden muss. Jeden Tag zu zeichnen, ist eine Voraussetzung, um es zu erlernen. Wer gut schreiben will, muss jeden Tag lesen und oft schreiben. Wer ein Instrument beherrschen will, muss Musik hören, sie studieren und permanent üben. Manche Dinge sind sehr einfach; und manche werden sich nicht ändern: Wer nicht durchhält, wer nicht übt, wer zu früh aufgibt, wird es zu nichts bringen. In keinem Bereich menschlicher Tätigkeit.

Joseph Beuys sprach sich vehement dagegen aus, man solle die Leute »einfach mal machen lassen«, quasi ohne Vorbereitung, Handwerk oder Planung. Er meinte, das führe nur dazu, dass »unbereinigte Richtkräfte« und das rein Triebhafte die Regie übernähmen. Er erklärte, das ganze Leben sei wichtig für die Vorbereitung, für das künstlerische Handeln. Das Handwerk muss so lange geübt werden, bis es in Fleisch und Blut übergeht, so lange, bis wir den Kopf bei der Ausübung einer Tätigkeit ausschalten können — damit in ihm der Raum für schöpferische Energien frei wird. Man kann Kreativität als Nebeneffekt eines handwerklich meisterlichen Könnens sehen. Tanizaki Jun'ichiro erläutert den Vorgang in seinem Essay »Lob der Meisterschaft«. Er hält in Bezug auf die Künste ein Interesse an der Kunstausübung für sehr wichtig, nicht nur am finalen Kunstwerk. Handwerkliches Können erfordert lebenslange Übung. Er vergleicht den Prozess mit dem Polieren einer Oberfläche, die in einem langjährigen, unermüdlichen Vorgang eine unverwechselbare, tiefe Alterspatina von bezaubernder Schönheit bekommt.

Eine Tugend für die spirituelle, aber auch kreative Entwicklung ist also das *Dranbleiben*. Auf diesem Weg gibt es keine Abkürzung. Es gibt nur Umwege, aber die erhöhen die Ortskenntnis. Das Ziel ist es, in eine geheimnisvolle Tiefe vorzudringen. Es gibt ein Aquarell des Berner Malers

Hanspeter Fiechter, das auf einer Antarktis-Reise entstanden ist. Fiechter widmet sich seit über 43 Jahren der Aquarell-Technik — er geht mit der Unkontrollierbarkeit des Wassers um, die dabei akzeptiert werden muss. Dass sein Blick auf eine Landschaft, die aus Wasser besteht, ein anderer ist, leuchtet ein. Er hat auf zahllosen Reisen mit dem Skizzenbuch das Sehen erlernt, das für das Malen entscheidend ist. Dass er die handwerklichen Fähigkeiten meisterlich beherrscht, um die Magie der Eislandschaft auf ein Blatt Papier zu bringen, ist nicht zu übersehen. Er ist drangeblieben, er hat nicht aufgegeben, er hat sein ganzes Leben eine Technik verfeinert. Er ist an den Ausgangspunkt zurückgekommen; und wer seine Bilder betrachtet, ahnt, dass es sich lohnt.

Bewegt / Euch!

Wie gehen wir mit der Energie um, die wir haben? Was ist, wenn sie fehlt? Meist denken wir über den Umgang mit der Zeit nach, dabei ist die Energie, die wir haben, viel entscheidender. Energielos hilft uns auch das beste Zeitmanagement nichts. Zeit ist immer zu wenig, so scheint es, und immer mehr Menschen klagen auch über Energielosigkeit. Zu viele Aufgaben, zu hohe Anforderungen, alles zu viel, alles zu anstrengend, die Arbeit mache keinen Spaß — diese Klagen hört man schon von Grundschülern, und sie setzen sich fort bis zum Abschluss des Studiums. Zu viele Studenten klagen immer, ganz egal, wie hoch oder niedrig die Anforderungen sind. Vergleicht man die Anforderungen der letzten Jahrzehnte, dann gibt es nur wenige Felder, auf denen mehr verlangt wird; in den meisten Bereichen hingegen geht heute durch, was früher undenkbar gewesen wäre. Das Hochschulsystem ist enger geworden, aber die Anforderungen sinken. Wenn alle Abitur und alle einen Hochschulabschluss machen sollen, und so scheint es die Politik zu wünschen, dann muss das Niveau sinken. In Deutschland zum Beispiel werden die Hochschulen nur für die Quantitäten finanziell belohnt: Möglichst viele sollen einen Abschluss machen — welche Qualität der hat, interessiert nicht.

Für jede Zeit könnte man versuchen, Grundmaximen auszumachen. Was wir zwischen Generation X und Generation Y bemerken, ist vor allem ein ausgeprägter Hang zur Bequemlichkeit. Manche scheinen müde zu sein vom »Chillen«. Es ist einerseits natürlich erfreulich, in einem vollversorgten Paradies zu leben; aber vielleicht ist es doch wie bei dem degenerierten Volk, welches H. G. Wells in seinem Roman »Die Zeitmaschine« beschrieb: Ohne Anforderungen, ohne Ehrgeiz entwickeln sich Menschen zu einer kindlichen Sorglosigkeit zurück, zu einer traurigen Gleichheit von Verhaltensweisen und Neigungen. Es ist allerdings nicht die Naivität, die an Kindern in romantischer Weise oft gelobt wird, sondern es ist das Unmoralische, ans Böse grenzende Nicht-Erwachsen-Sein-Wollen von Peter Pan. Ich kenne Menschen, die alles tun, um keine Verantwortung übernehmen zu müssen, die nach drei Tagen regelmäßiger Arbeit vor Erschöpfung zusammenbrechen, die nicht einmal mehr Interessen haben oder eine eigene Meinung. Es ist ihnen: alles zu viel. Viele leiden am »Prokrastinieren«, einer Modediagnose, die bei genauerer Sicht nichts anderes als Faulheit meint. Es klingt natürlich viel besser, wenn es sich nach einer amerikanischen Krankheit, einer »Arbeitsstörung«, anhört.

Bewegt Euch! So müsste der neue Schlachtruf lauten. Es ist richtig, sich gegen kranke Leistungsvorstellungen, gegen Perversionen des Kapitalismus und die puritanische Arbeitsethik zu wenden. Es ist nicht unmoralisch, wenn Menschen glücklich sind. Es ist richtig, dass Unterbezahlung und Ausbeutung Menschen an den Rand der Menschenwürde bringen und ausbeuterische Arbeit krankmachen kann. Aber insgesamt muss man für die Schweiz, Österreich und Deutschland sagen: Wir leben im Paradies, wir verdienen mehr als vor 100 Jahren, haben mehr Urlaub und mehr Rechte, viele einengende Konventionen sind abgebaut und es geht toleranter zu als früher. Man darf seinen Beruf frei wählen. Auch das müssen wir in den Blick nehmen: Viele klagen nicht nur auf hohem Niveau, sie klagen, weil sie nicht arbeiten können. Menschen, denen die Energie fehlt, mögen im Einzelfall ernsthaft erkrankt sein, aber nicht jeder, der faul ist, muss das gleich Depression oder Burnout nennen. Vielleicht ist es Zeit für eine neue Orientierung an Energie, Leistung und Tatendrang, an leidenschaftlichem Interesse und guter Erfahrung der Selbstwirksamkeit.

Fleiß, Disziplin, sich anstrengen, sich überwinden, früh aufstehen, kalt duschen, durchhalten, trainieren — das sind heilsame Aspekte des eigenen Energiehaushalts. Man kann sich positiv mit ihnen identifizieren, ohne sofort den falschen Härtefantasien auf den Leim zu gehen, ohne gefühllos und starr zu werden. Es ist motivierend, viel zu arbeiten. Es ist lohnenswert, durchzuhalten. Die Ergebnisse werden besser, wenn wir diszipliniert und fleißig sind. Viele Probleme, Zweifel und Krankheiten entstehen gar nicht erst, wenn man sich nicht der Trägheit hingibt. Wer allerdings zu faul ist, der kann sich davon nicht mehr erholen, der wird krank. »Faulheit ist der Hang zur Ruhe ohne vorhergehende Arbeit«, schrieb Immanuel Kant. Nur wer arbeitet, kann sich verdient ausruhen.

Es muss einen neuen Weg geben, Leistung zu schätzen. Es muss möglich sein, sich *nicht hängen zu lassen*. Wie konnte es dazu kommen, dass Langschläfern, Kiffern, schlecht gekleideten und faulen Leuten das Label »cool« oder »alternativ« angeheftet wurde? Sie bieten keine Alternative, sie verändern nichts zum Positiven. Alle, die wir bewundern, arbeiten hart: vom Dalai Lama bis zu Beyoncé, von Politikern bis zum Fahrradkurier. Sie tun mehr als die, die nur vor dem Fernseher sitzen. Ich plädiere nicht für die überkommenen, bürgerlichen Fantasien der Männer, die immer nur arbeiten, um mit den schwierigen Aspekten des Lebens — Kinder, Beziehung, Familie, Gefühle — nichts zu tun haben zu müssen. Ich meine nicht die gängigen Statussymbole, die als Scheinsignale für Leistung fungieren. Sondern es geht um die ganz basale Fähigkeit, morgens aufzustehen, zu arbeiten, etwas zu leisten und damit zufrieden zu sein. Dass diese Fähigkeit erlernt werden muss, aber nicht immer erlernt wird, zeigen die Probleme vieler Studenten. Schon Grundschüler fühlen sich heute »überlastet«, hörte ich neulich. Nun ja. Was soll man dazu sagen? Lehrjahre sind keine Herrenjahre — das erfährt jeder Auszubildende. Nicht, weil der Meister ein Unhold ist, sondern weil er der Meister ist und der Andere noch viel lernen muss. Nichts ist hier gleich, Menschen sind nicht gleich. Sie sind gleich vor dem Gesetz und ihre Menschenwürde ist gleich, alles andere ist generell ungleich. Viele Ausbildungsstellen in Deutschland sind unbesetzt, weil die Lehrlinge nach zwei Monaten wieder kündigen: Es ist ihnen zu anstrengend, jeden Tag zu arbeiten. Sie finden, es mache keinen Spaß. Aber wie soll es ohne Anstrengung überhaupt gehen?

Für die Energie, die man hat, ist man vor allem selbst verantwortlich. Anstrengung kommt von innen. Es wäre schön, wenn sie die Überhand gewänne und die Untugend der Faulheit sich in verdiente Erholung verwandeln könnte. Erst dann ließe sich der Genuss, faul zu sein, steigern. Alles andere hat destruktive Auswirkungen auf die Welt und auf die Seele.

Frustration / der Reformer

Auch in den großen Kirchen gibt es viele, die versuchen, mit neuen Ideen eine alte Institution an die Gegenwart anzuschließen. Das erzeugt viel Frustration, aber die ist fester Bestandteil der Kreativität.

Egal, ob man für die Kirche arbeitet oder als »Laie« in der Gemeinde engagiert ist; wer sein Handeln als schöpferische Aufgabe definiert, der hat viel zu tun.

Die alten Strukturen und Haltungen sind selten zeitgemäß, aber dennoch begegnen wir oft einem bestimmten Mentalitätstyp, der eher problem- als zielorientiert agiert, der eher bremst als fördert und dessen Maxime sich in einem Satz definieren lässt: »Das haben wir schon immer so gemacht!« Viele reiben sich an verknöcherten Strukturen und sehen sich als Avantgarde einer Erneuerung — und diese kreativen Geister leiden stärker an der Frustration als die Bewahrer. Das war, leider, nie anders: Zur Kreativität gehört die Frustration, sie ist nicht der Sonderfall, sondern ein wiederkehrender Normalzustand, wenn es um die Schöpfung geht. Die war nie ein Strandspaziergang, die war nie eine einfache Angelegenheit. Das

Neue stört, es macht Angst und es bedroht zum Teil auch die Tradition.

Frustration kann von innen oder außen kommen. Von innen, also psychologisch, ist sie in gewissem Grade selbsterzeugt. Wer scheitert, der sollte zuerst einmal über seine Erwartungen nachdenken. Vielleicht hat er die Latte zu hoch gelegt, vielleicht kann kein Mensch so hoch springen. Reformer haben viel Energie, aber ihr Ehrgeiz und ihre Ambitionen können zugleich eine Gefahr darstellen: Die Energie wächst zwar mit dem Widerstand, zugleich verengt sich allerdings die Wahrnehmung. Das kann zur fatalen psychischen Situation führen, in der man die Anstrengung verdoppelt, das Ziel aber vergisst. Kreative sind unzufrieden, schon das kann sozial schwierig sein, und sie sind oft ungeduldig. Veränderungen brauchen Zeit. Unsere Gedanken und Ideen sind schnell und klingen gut, aber der Fortschritt ist eine Schnecke. Nicht die Idee zu haben, ist die Kunst, sondern sie zu realisieren. Wer gegen verkrustete Strukturen kämpft, der darf nicht aufhören, sich selbst zu prüfen: Sind die eigenen Ziele, Erwartungen und Zeitvorstellungen realistisch? Wie lange brauchten Veränderungen in der Vergangenheit? Wie erging es den großen Reformern der Geschichte? Schaut man zum Beispiel auf die Gründer der großen christlichen Orden, dann fällt neben ihrer Innovationskraft auch auf: Sie wurden mit Inquisitionsprozessen überzogen, mussten sich verteidigen und rechtfertigen, saßen manchmal sogar im Kerker und gingen lebensgefährliche Wege. Aus heutiger Sicht sind sie zwar Heilige, in ihrer Zeit waren sie aber meist Außenseiter.

Es gibt Hindernisse von außen, die durch die Größe der Institution und die Logik der Organisationen entstehen. Diese soziologische Ebene ist schwer zu durchschauen. Organisationen reduzieren die Komplexität, sie schränken die Freiheit des Einzelnen stark ein, bieten dafür allerdings eine Infrastruktur, auf die man sich verlassen kann. Sie sind per se konservativ, bewahrend. Gerade in der Kirche, die generell auf die Rückbindung, Erinnerung und Bewahrung von Traditionen aus ist, verstärkt sich das. Aber ohne sie gäbe es den christlichen Glauben in der jetzigen Form nicht, sondern nur einen unübersichtlichen Pluralismus, vielleicht sogar den Zerfall des ganzen Glaubenssystems. Innerhalb großer Organisationen wird der Einzelne allerdings schnell zerrieben, wenn er Regeln missachtet oder die ihm zugewiesenen Handlungsspielräume erweitern möchte. Große Organisationen sind wie »Das Schloss« im Roman von Franz Kafka: Man kommt einfach nicht weiter und versteht kaum, warum. Die Fallstricke sind ganz knapp über dem Boden gespannt, ständig stolpert man und kann kaum einzelnen Personen dafür die Schuld geben. Das ist psychologisch sehr schwer auszuhalten: Alle sind freundlich, aber nichts geht weiter, selbst die Feinde spenden einem Lob, geben einem recht, allerdings ohne dass sich etwas verändert. Was tun?

Kreative Menschen zeichnen sich durch die Fähigkeit aus, mehr Frustration aushalten zu können als andere. Sie geben nicht auf, sie stehen immer wieder auf und rollen den Stein erneut hoch auf den Berg. Um das auszuhalten, stellt man am besten zwei schmale Bändchen von Albert

Camus neben die Hausbibel, um als *Mensch in der Revolte* nicht unterzugehen und am *Mythos von Sisyphos* nicht zu verzweifeln. Wer sich existentialistisch begreift, der erfährt sich auch dann als frei, wenn eine Institution reglementierend eingreift. Es war nie anders: Die Organisation selbst handelt nicht vernünftig, sondern funktional, sie kennt an sich keine wohlwollende Psychologie, sondern sie beharrt auf alten Regeln. Sie ist ein soziologisches Konstrukt ohne Gewissen und als Gegner übermächtig.

An den inneren, manchmal falschen Ansprüchen kann man durch spirituelle Übung arbeiten: rein werden, klar und ruhig werden, wieder aus guten Quellen neue Energie schöpfen und sich beraten lassen. Kein Gebet, kein Atemzug während der Meditation sind umsonst. Gegenüber den äußeren Zumutungen der Institutionen helfen Ironie und Humor! Über die Fallstricke der systemischen Effekte, die ganzen Hemmnisse muss man im Zweifelsfall auch lachen können — sonst wird man krank. Gegen eine Struktur und ihre Komplexität lässt sich schwer protestieren; aber sie lässt sich vielleicht erkennen. Wer die Verwaltungswege, die Nischen und Koalitionspartner findet, der arbeitet beharrlich an der Veränderung der Struktur. Der balanciert bestenfalls über die Fallstricke und kommt so doch weiter. Dafür muss man unbedingt innerhalb der Organisation agieren, der Austritt ändert wenig. Der Kirchenaustritt ist sicher auch ein Appell, aber es ist hilfreicher, wenn die kreativen Geister innerhalb der Kirche als konstruktive Störenfriede präsent bleiben. Die Geschichte zeigt, wie erfolgreich die Kreativen immer wieder waren. Auch die Kirche ist auf sie angewiesen.

Ohne Gott und / ohne Therapeut

»Hilf dir nun selber und steig herab vom Kreuz!«, sollen Menschen dem sterbenden Jesus zugerufen haben, kurz bevor er starb (Mk 15, 30). Aber er kann sich nicht selbst helfen, er konnte nur anderen helfen. Er ist weder Superheld noch Magier. Er ist ein Mensch — und in dieser Situation das Opfer seiner Mitmenschen. Auch der Schriftsteller Wolfgang Herrndorf erhielt ein Todesurteil, und zwar in Form der Diagnose einer unheilbaren Krankheit. Der heute weltberühmte Autor des Jugendromans »Tschick« hat der Nachwelt Aufzeichnungen hinterlassen, in denen er sein Sterben dokumentiert hat. Das Besondere an diesem Buch ist, dass er sich dem Schicksal ohne Therapeut und ohne religiöse Sentimentalität stellt.

»Arbeit und Struktur« gehört zu den Büchern, die man nicht lesen will. Und doch kommt man an ihm nicht vorbei, weil damit eine außergewöhnliche Energie in die Welt kommt. So gesehen ist dieses Tagebuch ein spiritueller Text, auch wenn der Autor Atheist war. Herrndorfs Aufzeichnungen beginnen mit der Diagnose eines Gehirntumors im März 2010 und enden mit seinem Freitod im August 2013. Wir verfolgen das Entstehen von »Tschick«, das ihn am Ende seines Lebens reich machen wird. Und kaum ist das Geld da, hat es keine Bedeutung mehr. Was will man mit Geld, wenn es keine Zukunft gibt? Der Autor arbeitet wie verrückt. Zugleich dokumentiert er seinen atheistischen, hoffnungslosen und naturalistischen Blick auf sein Leben. Er liest nur noch, was ihm gefällt, liebt das Kino, geht Schwimmen und Fußballspielen, wenn er nicht im Kernspintomographen liegt. Ein Leben zwischen der Lärmbelästigung des gnadenlosen Nachbarn, dem Essen in der naheliegenden Mensa, der Zeit mit den engsten Freunden, seiner qualvollen Odyssee von Hirn-OPs, Chemotherapien, Bestrahlungen und Strahlungsschäden, zugelassenen und nicht zugelassenen Medikamenten, die Nebenwirkungen haben, die schlimmer als jede Krankheit zu sein scheinen. Er wird von einem Auto angefahren und stürzt, landet wieder im Krankenhaus, aber zur Abwechslung einmal nicht die Neurologie. Die Fahrerin des Wagens zeigt ihn an. Es gibt keinen Ton der Klage in diesem Buch — es ist bis zum Ende kaum zu fassen. Aber auch ohne Hoffnung lässt er sich das Heft nicht aus der Hand nehmen. »Ich habe mich damit abgefunden, dass ich mich erschieße. Ich könnte mich nicht damit abfinden, vom Tumor zerlegt zu werden, aber ich kann mich damit abfinden, mich zu erschießen. Das ist der ganze Trick.«

Er installiert parallel zu dieser Entscheidung eine Pistole in seinem Kopf: »Diesmal reicht eine einfache Willensentscheidung nicht aus, und ich muss eine sehr plastisch vorgestellte Walther-PPK in meinem Kopf installieren, um jeden unangenehm aufkommenden Gedanken zu erschießen: Peng, peng. Zwei Kugeln, und ich denke an etwas Anderes. (…) Mit immer größerer Zuverlässigkeit ballert es den Todesgedanken spurlos weg.«

Man ist froh um diesen Trick, mit dem er es schafft, »eine halbe Stunde oder länger« nicht an den Tod zu denken. Schwer machen es ihm vor allem die, die es gut meinen, ihn aber vor allem als Todkranken sehen. Er ist die ganzen drei Sterbensjahre damit beschäftigt, unerwünschte Heiler, mitleidende alte Freunde und sentimentale Briefeschreiber zu vertreiben, aber sie lassen ihn nicht in Ruhe. Der edle Wunsch zu helfen enthält etwas Herablassendes, wenn keine Hilfe mehr hilft.

Plötzlich komme ich selbst auf die Idee, in mein Tagebuch zu schauen, unter dem Datum, das ich gerade bei Herrndorf gelesen habe. Ich klage eine ganze Seite über mein fürchterliches Leben, eigentlich über alles — und mir wird schlecht angesichts der Tatsache, welchen eingebildeten Leiden ich mich widmen kann, während er am gleichen Tag in Berlin vor Freude »auf die Donuts heult«, weil nach der neuesten Diagnose seine Lebenszeit nicht ganz so schnell abzulaufen scheint. Vielleicht doch noch vier Monate statt drei? Herrndorf stand, während ich klage, jeden Tag früh auf, kurz nach vier, um vom Balkon seiner neuen Wohnung das Morgenrot zu sehen. Es könnte nämlich der letzte Morgen für ihn sein.

Herrndorfs Aufzeichnungen laufen auf die Entscheidung zu, dass er keine Bücher mehr geschenkt haben oder kaufen will. »Ich lerne nichts Neues mehr. Weil ich nicht will. Es ist, wie mir Bücher zu schenken: Erinnert mich an den Tod. Neues braucht man für später, Bücher liest man in der Zukunft. Das Wort hat für mich keine Bedeutung. Ich kann den heutigen Abend in Gedanken berühren, dahinter ist nichts. (...) Die Zukunft ist abgeschafft, ich plane nichts, ich hoffe nichts, ich freue mich auf nichts außer den heutigen Tag. Den größten Teil der Zeit habe ich das Gefühl, tot zu sein.« Aber eigentlich ist es noch schlimmer: Er kämpft gegen Störungen der Wahrnehmung, gegen Sprachstörung und Sprachverlust, verliert über epileptischen und Panik-Anfällen die Orientierung, findet seinen Weg nicht. Er versucht, seine Hausschuhe selbst anzuziehen und schafft es erst nicht. Er kann den linken vom rechten Schuh nicht mehr unterscheiden und überlegt, ein L und ein R darauf zu schreiben. Über all dem wird er weder gläubig noch abergläubisch, er hat keine Religion und nicht einmal eine Ersatzreligion. Atheismus entscheidet sich auf den letzten Metern, schreibt er, aber er bleibt, wie er ist. Psychologie, Ideologie und Religion sind ihm fremd — er sucht weder Sündenböcke noch Ersatzgötter. Wir blicken auf körperlichen und geistigen Verfall, bei laufender Textproduktion. »Linke Hand findet ihren Platz auf der Tastatur nicht. Pappschablone auf den Rechner geklebt, um dem Handballen Halt zu geben, vergeblich. Dann Hand am Tisch festgeklebt, ohne dass es hilft. Linker Fuß rutscht vom Fahrradpedal. Ausflug an Tegeler See. C. verbietet Rausschwimmen. Gewitter.« Wie macht man weiter? »Ich schlafe mit der Waffe in der Faust, ein sicherer Halt, als habe jemand einen Griff an die Realität geschraubt. Das Gewicht, das feine Holz, das brünierte Metall. Mit dem MacBook zusammen der schönste Gegenstand, den ich in meinem Leben besessen habe.«

Ich wüsste kein Buch, welches in mir ähnliche Gefühle und Gedanken erzwungen hat. Es ist eine existenzielle Bereicherung. »Bilanz eines Jahres: Hirn-OP, zweimal Klapse, Strahlen, Temodal, 1,75 Romane, erster großer Urlaub, viele Freunde, viel geschwommen, kaum gelesen. Ein Jahr in der Hölle, aber auch ein tolles Jahr. Im Schnitt kaum glücklicher oder unglücklicher als vor der Diagnose, nur die Ausschläge nach beiden Seiten größer. Insgesamt vielleicht sogar ein bisschen glücklicher als früher, weil ich so lebe, wie ich immer hätte leben sollen. Und es nie getan habe, außer vielleicht als Kind.« Das Buch von Herrndorf enthält solche Sätze, eine Attacke auf den alltäglichen Befindlichkeitsschrott, der uns und anderen den Tag verdirbt. Das Tagebuch macht mehr als nur betroffen — es verleiht Mut.

Über den Umgang mit Nervensägen

Christen sind dazu aufgefordert, ihren Nächsten zu lieben. Die Caritas hat einen hohen Stellenwert: Es wundert nicht, dass es im Katechismus (KKK 2447) dazu Konkretisierungen gibt. Zwei mal sieben Werke der Barmherzigkeit werden dort erwähnt. Die meisten davon haben in allen Religionen einen hohen Stellenwert.

Nur eins der Werke sticht irritierend heraus und wird selten thematisiert. Der Christ soll *lästige Menschen geduldig ertragen*. Dieser Aspekt hat vielleicht nicht die existenzielle Schwere der anderen Werke, betrifft uns aber im Alltag — es lohnt also, darüber nachzudenken.

Es gibt einige bedeutende Schriftsteller, die äußerten, andere Menschen existierten allein deshalb, um uns permanent zu stören. Jean-Paul Sartre schrieb in einem Theaterstück sogar, die Hölle seien die Anderen. Selbst wenn es sich teilweise um ironische Aussagen handelt, verweisen diese Thesen auf ein Grundbedürfnis nach Ungestörtheit. Die Räume des Alleinseins werden uns allerdings immer öfter genommen: Die Arbeitswelt erzeugt Kommunikationszwang und sozialen Druck; von der E-Mail übers

Telefon bis zu häufigen Meetings. Viele arbeiten in Großraumbüros. Es gehört zu den Charakteristika der Erwerbsarbeit, dass sie uns soziale Beziehungen aufzwingt: Mit den Kollegen und Vorgesetzten müssen wir auch dann auskommen, wenn sie uns gehörig auf die Nerven gehen. Zugleich ist es um die Einsamkeitsfähigkeit vieler schlecht bestellt. Manche Menschen scheinen permanent auf der Flucht zu sein, um dem Alleinsein auszuweichen — und die klopfen an unsere Tür. Der Wunsch nach Geselligkeit kollidiert aber mit dem Wunsch gerade schöpferischer Menschen, sich ein gesundes Maß an Stille, Ruhe und Ungestörtheit zu sichern. Dies alles hat auch gesellschaftliche Hintergründe.

Die Individualisierung hat uns viele Freiheiten gebracht. Sie gibt uns die Möglichkeit, unterschiedlichen Interessen zu folgen. Geschmäcker und die Neigungen der Menschen sind heute Privatsache. Daher unterscheiden sie sich stärker als früher, weil sie individuell wählbar sind. Zwischen Opernbesuchern und Hip-Hop-Fans, zwischen christlicher Willkommenskultur und atheistischer Fremdenangst, zwischen der Ernährung der Großeltern und Veganismus klaffen tiefe Gräben. Selbst innerhalb einer Familie, einer Altersgruppe, eines Wohnviertels und innerhalb einer Schicht begegnen sich Menschen, die wenige Gemeinsamkeiten haben und denen der Gesprächsstoff ausgeht. (Vom psychohygienischen Schimpfen auf gemeinsame Feindbilder einmal abgesehen, also »die Kirche«, »die Wirtschaft«, »die Politik« usw.)

Wir treffen, familiär, nachbarschaftlich und kollegial, selbst in der Gemeinde immer mehr Verschiedenheit. Die mag eine Bereicherung sein, allerdings kann sie auch lästig werden. »Die Gleichen gefallen sich. Die Verschiedenen langweilen sich«, schrieb Bertolt Brecht. Es klingt unhöflich, sich das einzugestehen. Aber es ist die gegenwärtige Herausforderung und der Preis der Freiheit.

Die Gewöhnung an Wahlfreiheit macht es immer schwieriger, mit eingeschränkten Handlungsspielräumen umzugehen. Heimat, Familie und Verwandtschaft allerdings bleiben unser Schicksal, wir werden in sie hineingeboren. Da die Verschiedenheiten zunehmen, die Entwicklungen individueller, wird uns immer mehr lästig — und das Werk der Barmherzigkeit, lästige Menschen auszuhalten, wird erstaunlich aktuell. Nichts war früher besser, es war nur anders: Die starren, patriarchalen Hierarchien in der Familie, die kulturelle Enge des Nationalismus, der kollektiv verlangte Respekt und die geringere Freiheit früherer Zeiten sorgten dafür, dass Menschen selten die Wahl hatten — man musste den Vater oder Partner ertragen, man musste dem Vorgesetzten folgen. Man ergriff den Beruf, der für die eigene Herkunft angemessen erschien. Also ließ man vieles über sich ergehen, meist in pragmatischer Einsicht. Kaum einer kam auf die Idee, sich der Lästigen zu entledigen. Dazu fehlte die Freiheit. In den letzten hundert Jahren ist aus Selbstverständlichkeiten eine Wahloption geworden. Das führt dazu, dass sich Menschen heute schneller von ihren Eltern entfremden, schneller den Beruf oder den Partner wechseln und sich schneller von allem Lästigen abwenden. Wie sollen wir damit umgehen, wenn die Barmherzigkeit fordert, geduldig auszuhalten?

Es bedarf einer gewissen Energie, im Sinne der Nächstenliebe zu handeln. Heute wird es zur Aufgabe, die Eltern, Kollegen und Partner auch dann anzunehmen, wenn sie uns auf die Nerven gehen. Ein typisches Beispiel: Das Gedächtnis des Menschen ändert sich im Alter, es gibt mehr Vergangenheit als Zukunft und oft führt das zu einem Ungleichgewicht in der Kommunikation. Ältere Menschen reden viel, oft ohne Rücksicht auf ihre Zuhörer. Sie erzählen vieles sich selbst und nicht uns. Aber auch unabhängig vom Alter neigen Menschen zum Monologisieren, sie neigen zu einer »egotropen Kommunikationsstruktur«. Dieses Phänomen an Menschen kann wie kein anderes zur Belastung werden. Manchmal kann Humor eine einseitige Sprechsituation auflösen, aber leider nicht immer.

Was bedeutet es, andere zu ertragen? Etwas wehrlos über sich ergehen zu lassen, ist keine christliche Tugend. Stumpfes Ertragen führt dazu, dass wir innerlich andere abschreiben. Eine Stunde den alten Vater oder Freund besuchen, ihn halt vor sich hinreden lassen und schnell wieder fahren. Andere geduldig zu ertragen, bedeutet hingegen, sie nicht abzuschreiben. Es lohnt sich, offen zu thematisieren, wenn uns etwas über die Maßen anstrengt. Wenn Menschen zu laut sprechen, uns nicht zuhören, die gleichen Geschichten endlos wiederholen oder sogar übergriffig werden — warum sie nicht darauf hinweisen? Ob das unhöflich ist oder nicht, entscheidet der Ton, in dem wir uns dagegen wehren. Ich glaube, es ist wichtig, andere Menschen bis ins hohe Alter ernst zu nehmen. Wir können Menschen nicht ändern, aber unseren Umgang mit ihnen. Und ob sie uns lästig werden, darauf haben wir Einfluss.

Kinder und alte Menschen können allein deshalb anstrengender sein, weil ihre Situation eine andere ist. Sie können aber eben auch mehr bereichern als andere. Dafür müssen wir sie in den Momenten geduldig aushalten, in denen sie vergessen, dass zu einem Gespräch mindestens zwei Personen gehören. Sie daran zu erinnern, halte ich für eine barmherzige Haltung. Selbst dann, wenn sie es nicht gewöhnt sind: Zu Streiten ist eine Form, den Anderen ernst zu nehmen. Streiten aus Gründen der Nächstenliebe ist ein »liebender Kampf«, wie der Philosoph Karl Jaspers es nannte.

Ein weiteres typisches Beispiel: Einer der größten Generationenkonflikte besteht in verschiedenen Essgewohnheiten. In der Generation der Großväter gehörte das bedenkenlose Fleischessen noch zu einer Vorstellung von Männlichkeit, ähnlich wie das Autofahren oder das Rauchen. Das ist heute anders: Die junge Generation erinnert sich angesichts der perversen Massentierhaltung an die Theologie von Albert Schweitzer und seiner Forderung nach der »Ehrfurcht vor der Kreatur«. Das Thema gehört heute zu denen, mit denen sich Menschen auf die Nerven gehen. Es führt zu scharfen Kommentaren der Älteren, die glauben, die Bauernhöfe sähen aus wie in ihrer Kindheit. Die Jüngeren hingegen akzeptieren oft nicht, dass sie die älteren (Männer) nicht ändern können. Sie sehen auch nicht, dass eine von anderen Zeiten, eventuell vom Krieg geprägte Generation ein ganz anderes, oft durch die Erfahrung von Not und Hunger gestörtes Verhältnis zum Essen hat. Akzeptanz verändert die Situation, sie lässt den Anderen weniger lästig erscheinen. Sie macht Geduld einfacher.

Wer barmherzig handeln will, muss Nähe und Distanz so dosieren, dass eine Bindung bestehen bleibt. Über die eigenen Kräfte zu gehen, hilft niemandem. Das mag auf Kompromisse hinauslaufen, aber die sind besser als der Kontaktabbruch. Keiner wird anstrengenden Menschen immer aus dem Weg gehen können. Auch sollten wir nicht vergessen: Jeder hat als Kind andere genervt, und auch als Erwachsener nerven wir andere ab und zu, als Alte werden wir es wieder tun. Wenn die Anderen sich dann nicht von uns abwenden, sondern uns bremsen oder sogar mit uns streiten, sollten wir ihnen dafür dankbar sein.

Vorlieben, Wünsche / und Hoffnung

Als Kind schrieb ich Wunschzettel. Als Erwachsener setze ich die Tradition fort; in mir hausen stille Erwartungen. Die meisten erzeugen das pure Unglück.

Eine der christlichen Kardinaltugenden ist die Hoffnung. Auch in schlimmsten Zeiten kann sie helfen. Aber dieses »Prinzip Hoffnung« hat Tücken, es erzeugt — oft unbewusst — Erwartungen, die unrealistisch sind. Sie taugen kaum für eine Utopie. Nun gibt es abstrakte, entfernte und unrealistische Hoffnungen. Manchmal hoffe ich einfach, dass es nie so schlimm kommen wird, wie es jetzt schon ist. Der Hassprediger Donald Trump zum Beispiel ist im freiesten Land der Welt zum Präsident gewählt worden, mit tatkräftiger Unterstützung böser Mächte. Wer gehofft hatte, dass so etwas nie eintreten würde, der war naiv. Dann hatten viele die Hoffnung, das narzisstische Millionärssöhnchen ohne Ausbildung würde sich ändern, sobald er in Amt und Würden sei. Aber er hat die Würde abgeschafft und ist resistent gegen die Realität. Er bestärkt die Rassisten, bedient niedere Triebe, schließt Waffendeals ab, rüstet auf; er hasst diplomatisches Vorgehen, Frauen, Denker, Künstler, Christen, die unabhängigen

Medien und die unabhängige Justiz. Er vertritt nur die, die seine Feindbilder haben — keine Spur mehr von der Idee einer Volksvertretung. Sein Ideal ist die Oligarchie weißer, männlicher, waffenverliebter Milliardäre. Wer nun auf seine Absetzung hofft, den belehrt die Geschichte, dass sie völlig unwahrscheinlich ist. Wer an der Macht ist, der ist am Ziel: Weder Putin, Erdogan noch Trump sitzen auf wackeligen Stühlen — keine Volksmehrheit kann das noch ändern. Es ist zu spät. Und jetzt?

An Weihnachten werde ich mir die politischen Botschaften von Männern, denen jede (christliche) Tugend fremd ist, nicht anhören. Ich habe ein gewisses Harmoniebedürfnis. Drei Tage ohne Zeitung, darauf freue ich mich. Es gibt keine heile Welt, aber immerhin erinnern wir Weihnachten an die Geburt der Hoffnung, die durch Jesus in die Welt kam. »Fürchtet Euch nicht!«, rief der Engel; von einem Fest des Friedens und der Liebe ist nicht die Rede in der Bibel. Dennoch verstricke ich mich jedes Jahr in meine Denkmuster, die meine Enttäuschungen erzeugen. Ich bin den sozialen Verpflichtungen zu Weihnachten nicht gut gewachsen. Jeder will etwas von mir, jeder ist enttäuscht. Wenn ich mich weigerte — sogar ich selbst wäre von mir enttäuscht. Alle stecken voller Erwartungen und Hoffnungen, die sich nicht erfüllen. Wie soll das gut gehen? Oft denke ich zum Fest: Nicht jeder hat das Glück, Weihnachten allein verbringen zu dürfen. Also absolviere ich in einer langen Reihe von Kompromissen diese Tage wie ein Arbeitsprogramm, straff organisiert, es jedem ein bisschen rechtmachen, Geschenke verteilen, Geschenke erhalten, viel Autofahren, zu viel essen und zu wenig Bewegung.

Ich liebe die Adventszeit. Ich bin mit meinem Adventskalender sehr zufrieden. Meine Frau hat mir einen Playboy-Adventskalender geschenkt. Jeden Tag öffne ich ein Türchen, hinter dem ein kleines, die männliche Moral zersetzendes Foto einer unbekannten Schönheit wartet. Das gefällt mir, Sex ist zeitlos und lässt an wärmere Tage denken. Summer is coming! Auch meine Tochter freut sich, wenn ihr Adventskalender aufgehangen wird. Aber wenn sie die Päckchen öffnet, signalisiert sie in ihrer kindlichen Unbedarftheit: Das war schon alles? Mehr bekomme ich nicht? Naturalistische Erzählungen, wie karg das Weihnachten der Eltern oder Großeltern aussah, sind einem 7-jährigen Mädchen ziemlich gleichgültig. »Wieso haben die nur eine Apfelsine zu Weihnachten bekommen?«, fragt sie verständnislos. Die Wunschliste meiner Tochter ist groß. Egal, was sie davon bekommt, sie wird es auspacken und es wird dennoch nur ein kleiner Teil dessen sein, was sie erwartet. Kinder bekommen heute unsäglich viele Geschenke. Darüber beklagt sich zwar jeder, nicht nur Eltern und Großeltern, aber alle machen mit.

Viele schenken kaum noch mit dem Gedanken an den Beschenkten; sondern sie schenken, damit jeder sieht, wie viel sie schenken. Schenken ist prestigeträchtig. Ich sah einen Post im Facebook: »Wer eine Weihnachtskarte von mir will, mailt mir bitte nochmal seine Anschrift.« — Was für eine Überraschung!

Sich dem zu verweigern, ist schwer. Ich schaffe es nicht. Wenn ich nichts schenke, wird mir das Annehmen unangenehm. Weihnachten ist nicht der Zeitraum, an dem ich Unfrieden stiften will. Also stelle ich die Grundsatzfragen nicht, protestiere nicht, bin nicht egoistisch, ziehe mich nicht zurück. Ich würde gern allein sein, in die Christ-Mette gehen, meditieren. Aber den Gedanken verbiete ich mir gleich, weil ich mir nicht mindestens bis Ostern anhören möchte, was für ein egoistischer, unsozialer Mensch ich sei, der sein ganzes Umfeld enttäuscht habe.

Ich habe auch gar keinen Anlass, andere zu enttäuschen, ich verstehe mich mit ihnen gut. Im eigentlichen Sinne möchte ich auch gar nicht allein sein, ich möchte mich wahrscheinlich nur weniger unter Leuten allein fühlen. Jedenfalls spiele ich vorzüglich meine Weihnachtsrolle. Manchmal beschleicht mich ein Gedanke: Die Anderen spielen das alles auch nur, wie die große Inszenierung in der bissigen Satire von Heinrich Böll: Nicht nur zur Weihnachtszeit …

Die Zen-Meisterin Charlotte Joko Beck hat in einigen ihrer Bücher darüber geschrieben, dass Hoffnung großes Unglück erzeugen kann. Sie ist eine Illusion, entführt den Geist in die Zukunft und färbt diese rosarot. Utopien sind aber selten konstruktiv. Wünsche, schreibt sie, erzeugen oft Schwierigkeiten. Meine Wünsche an Weihnachten sind genau wie die meiner Tochter oder meiner Eltern völlig unrealistisch. Beck unterscheidet nun zwei Arten von Wünschen, und vielleicht bietet das einen Ausweg: »Vorlieben sind harmlos; wir können so viele haben, wie wir wollen. Wünsche, die Erfüllung *fordern*, sind das Problem.« Ich fand ihren kurzen Text dazu in einem Büchlein mit Zen-Sprüchen (Lektionen der Stille. Klassische Zen-Texte).

Ich richte mein Weihnachten, meinen Geburtstag, auch manches Andere vielleicht entlang meiner Vorlieben aus. Vorlieben sind keine Erwartungen, sie sind unabhängig von Hoffnung. Es sind Dinge, die man gernhat. Ich habe das Weihnachtsgebäck meiner Mutter gern. Und ich bin mir sicher, es wird auf dem Tisch stehen. Ich mag die Freude meiner Tochter über ihre Geschenke, und auch die wird vorhanden sein. Ich mag vieles an Weihnachten.

Aber ich wünsche mir nichts, ich versuche, keine Erwartungen zu haben. Ein Adventspäckchen, in dem das Büchlein mit den Zen-Sprüchen war, gehört auch zu Weihnachten.

Auf paradoxe Weise also kam die Hilfe gegen mein Unbehagen bezüglich des Festes mit einer Tradition, die selbst zu Weihnachten gehört. Zen-Bücher und ein Playboy-Magazin, schon ist man wieder zufrieden! Es wird nicht so schlimm werden, denke ich — aber die Weihnachtskekse werden köstlich sein — das weiß ich!

Dr. Frank Berzbach, geboren 1971, unterrichtet Psychologie an der ecosign Akademie für Gestaltung und Kulturpädagogik in Köln. Er hat als Wissenschaftler, Journalist, Fahrradkurier, Technischer Zeichner, in der Psychiatrie und als Buchhändler gearbeitet. Seit vielen Jahren ist er Zen-Praktizierender, bleibt aber katholisch. Er arbeitet zu Fragen achtsamkeitsbasierter Psychologie, Arbeitspsychologie, Kreativität, Spiritualität, Mode, Popmusik und Popkultur.